KB201154

복 있는 사람

오직 여호와의 율법을 즐거워하여 그 율법을 주야로 묵상하는 자로다.
저는 시냇가에 심은 나무가 시절을 좇아 과실을 맺으며 그 잎사귀가 마르지 아니함 같으니
그 행사가 다 형통하리로다. (시편 1:2-3)

"나는 예수님이 좋습니다"라고 저자는 말한다. 『예수님의 눈물』은 이 적나라한 고백의 확장판이다. 저자는 함께 따뜻한 차를 나누는 듯한 목소리로 성경에서 만난 예수님의 이야기를 우리에게 들려준다. 그리고 그 예수님이 자신의 삶의 구석구석을, 그리고 그 삶의 주변부를 어떻게 깨우쳐 주시는지 보여준다. 나는 저자의 이야기를 흥미롭게 들었다. 그리고선 나와 만나 주시는 예수님을 생각했다. 그렇다. 예수님은 너와 나의 삶을 통해 우리를 만나 주시고, 그렇기 때문에 그분의 이야기는 결국 장식 없는 일인칭이 되는 것이다. 이 책을 읽으면서 나는 예수님에 대한 진솔한 고백이 그 어떤 것보다도 가장 깊은 울림의 증언이라는 사실을 새삼 깨닫는다. 조만간 저자와 차 한잔하며, 예수님의 이야기를 나누고 싶다.

권연경 숭실대학교 기독교학과 교수

태초에 창조주 하나님과 함께 계셨던 말씀이 인간이 되셨다. 1세기 팔레스타인 사람들은 그 말씀을 나사렛 예수라 불렀고, 그 말씀은 하나님 나라를 향한 갈망을 불러일으키는 탁월한 이야기꾼이 되셨다. 이후 역사 속에는 그분의 삶과 가르침을 새로운 언어로 표현하려는 이야기꾼들이 계속 등장했으며, 그들은 세대와 세대를 이어 하나님 나라의 꿈이 계속 퍼져 나가게 했다. 『예수님의 눈물』은 이 시대의 문제를 고민하며 살아가는 진실하고 친절한 한 이야기꾼이 들려주는 아름다운 예수 그리스도의 이야기다. 이 책은 성서에 대한 깊은 이해와 1세기 팔레스타인의 역사에 관한 해박한 지식, 영화와 시각 예술에 대한 통찰력 있는 분석, 현대 사회와 교회의 문제를 향한 공감 어린 시선을 통해 먼 옛날 유대 땅에 머물고 활동하셨던 예수 그리스도의 모습을 현대인들을 위해 생생하게 되살려 내고 있다. 그리스도의 이야기가 너무 익숙해졌거나, 예수님이 여전히 어렵고 낯설게 느껴지거나, 오늘날 한국 교회의 모습에 깊은 절망감을 느끼고 있는 독자라면, 『예수님의 눈물』을 통해 하나님께서 그토록 사랑하셔서 아들마저 보내 주셨던 이 세상을 촉촉한 눈으로 바라볼 수 있는 신비를 맛보게 될 것이다.

김진혁 횃불트리니티신학대학원대학교 조직신학 조교수

『예수님의 눈물』은 그분의 얼굴을 볼 수 있게 해주는 책이다. 웃기도 하시고 울기도 하시는 예수님의 얼굴을 말이다. '예수 천당, 불신 지옥' 같은 표어나 '그리스도의 위격과 사역' 같은 교리는 안타깝게도 그분의 얼굴을 감추기 십상이다. 하지만 우리를 진정으로 변화시켜 주는 것은 예수님에 관한 표어나 교리가 아닌, 그분의 얼굴이다. 이 책은 우리로 하여금 예수 그리스도의 모습을 통해 사람이신 하나님의 울음을 보게 해주고, 또 하나님이신 사람의 미소를 보게 해준다. 또한 그 울음을 따라 함께 울고, 그 웃음을 따라 함께 웃는 것이 그리스도이신 예수님을 따라가는 삶임을 알게 해준다. 『예수님의 눈물』은 김정형 교수가 전하는 복음 이야기다. 예수님과 더불어 웃고 울었던 저자가 전하는 복음 이야기를 따라가노라면 어느덧 우리는 우리 "가까이 이르러 [우리와] 동행하시는"(눅 24:15) 예수님을 알아보게 될 것이다.

이종태 햇불트리니티신학대학원대학교 겸임교수

예수님의 눈물

예수님의 눈물

2019년 12월 6일 초판 1쇄 발행
2019년 12월 24일 초판 2쇄 발행

지은이 김정형
펴낸이 박종현

도서출판 복 있는 사람
주소 서울특별시 마포구 연남동 246-21(성미산로23길 26-6)
전화 02-723-7183(편집), 7734(영업·마케팅)
팩스 02-723-7184
이메일 hismessage@naver.com
등록 1998년 1월 19일 제1-2280호

ISBN 978-89-6360-322-3 03230

이 도서의 국립중앙도서관 출판예정도서목록(CIP)은 서지정보유통지원시스템 홈페이지
(http://www.nl.go.kr/kolisnet)에서 이용하실 수 있습니다. (CIP 제어번호 2019047259)

© 김정형 2019

인간으로 사셨던 하나님의 이야기

예수님의 눈물

김정형

복 있는 사람

차례

프롤로그 : 예수, 나의 생명

벌써 20년 가까운 세월이 흘렀습니다. 어릴 적 물려받은 신앙을 잃어버린 채 칠흑같이 어두운 동굴 속에서 헤매고 있던 나는, 어느 날 저 멀리 희미하게 새어 들어오는 한 줄기 빛을 발견했습니다. 너무도 기쁘고 감격스러웠습니다. 그날 이후로 나는 그 빛을 향해 조금씩 나아갔습니다. 때로는 물안개로 흐려져 빛을 똑바로 본 것인지 아니면 환상을 본 것인지, 그 빛이 정말 동굴 밖에서 새어 들어온 빛인지 아니면 동굴 속 다른 사람이 비추는 것인지, 반신반의하기도 했습니다. 때로는 깜깜한 동굴 속에서 보이지 않는 웅덩이에 빠져 허우적거리기도 했고, 쉬 넘지 못할 골짜기를 만나 길을 저만치 돌아가기도 했습니다. 예기치 못한 장애물을 만날 때마다 가까운 곳에 빛이 있다는 믿음과 그 빛에 곧 당도할 것이라는 소망을 굳세게 붙들며 이렇게 노래를 불렀습니다.

예수님 따라 살기로 했네 I have decided to follow Jesus

예수님 따라 살기로 했네 I have decided to follow Jesus

예수님 따라 살기로 했네 I have decided to follow Jesus

뒤돌아서지 않겠네 No turning back, no turning back

20년이 지난 지금 나는 이전보다 더 선명하게 그 빛을 보고 있습니다. 아니, 이제는 그 빛이 비추는 밝은 길을 걸으며, 그 따스한 온기마저 느끼고 있습니다. 그뿐 아니라 그 빛의 인도를 따라 함께 걷고 있는 많은 형제자매를 만난 덕분에, 이 여정이 더는 외롭지 않습니다. 그 빛의 이름은 '예수'입니다. 예수님은 어두운 동굴 속에서 죽지 못해 살고 있던, 아니 살아있지만 죽은 것과 다름없는 삶을 살고 있던 나에게 참 생명이 무엇인지 알게 해주었고, 그 생명을 풍성히 누리도록 해주었습니다. 대학 시절 극심한 회의주의로 홍역을 앓은 후 예수의 이름에 운명을 걸기로 결단했을 때, 의심이 완전히 사라진 것은 아니었지만, 나는 오로지 예수님만을 좇아 살기로 결심했습니다. 그렇게 믿음의 모험을 감행했습니다. 이후에도 세속주의, 무신론, 다른 종교 문화 등 외부로부터의 도전뿐 아니라 내면의 의심 또한 여전히 계속되었지만, 지금도 나는 예수의 이름에 모든 것을 걸고 있습니다. 아니, 그렇게 하려고 합니다.

예수님은 나의 생명이고, 전부입니다. 하지만 이 고백을 삶 속에서 온전하게 살아내지 못할 때가 많다는 것을 나도 잘 알고 있습니다. 그런데도 다른 대안은 없습니다. 오직 예수님께 나의 모든 것을 걸기로 다짐했기 때문입니다. 혹 잠시 길을 벗어나 방황할 때도 있지만, 그럴 때마다 다시 예수님께로 돌아가 그분의 이야기 속에서 나의 길을 다시 찾습니다. 이것이 나의 믿음이고, 모험이며, 인생입니다. 나의 믿음의 모험은 과연 어떤 결말을 맺게 될까요? 이 모험의 여정에서 가끔씩 뒤를 돌아볼 때도 있지만, 그때마다 새롭게 다짐합니다. 결코 뒤돌아서지 않으리라!

나의 생명이자 나의 전부가 되시는 예수님에 대해 묵상할 때 나의 마음을 가장 사로잡는 두 가지 주제가 있는데, 이는 바로 **예수님의 꿈**과 **예수님의 눈물**입니다. 이 두 주제는 서로 긴밀하게 연관되어 있습니다. 모든 생명이 삼위일체 하나님과 함께 즐겁게 뛰어노는 세상을 꿈꾸신 예수님은 많은 생명이 죄와 죽음의 굴레에 매여 신음하는 현실을 마주하며, 꿈과 현실 사이에서 애통하고 탄식하고 눈물을 흘리셨습니다.

나는 예수님께서 우리가 사는 이 땅의 현실을 보며 오늘도 눈물을 흘리고 계신다고 생각합니다. 그리스도의 몸된 교회의 명예를 실추시키는 한국 교회의 많은 잘못을 보면서, 혐오와 차별 등 온갖 폭력이 난무하는 한반도와 지구촌의 현실을 보면서, 예수님은 지금도 슬퍼하고 계실 것입니다. 지금 우리가 살고 있는 현실은 예수님께서 꿈꾸던 하나님 나라의 이상과는 너무 멀리 떨어져 있을 뿐 아니라, 그 이상과 충돌되고 모순되는 지점이 많습니다. 나는 바로 이 지점, 하나님 나라의 꿈과 그에 반하는 이 땅의 현실이 충돌하고 모순되는 그곳에 우리 그리스도인들이 서 있어야 한다고 생각합니다. 왜냐하면 예수님이 그곳에 서 계시기 때문입니다. 한편으로는 창조자 하나님의 아름다운 꿈을 마음속에 품고 다른 한편으로는 창조자의 뜻에 반하는 이 땅의 끔찍한 현실을 직시한 채, 그 사이에서 탄식하고 저항하면서 십자가의 길을 걷는 것, 이것이야말로 오늘날 우리 그리스도인들의 소명이 아닐까 생각합니다.

사실 이 책은 나에게 매우 소중하고 특별합니다. 처음 구상할 때부터 이 책을 나의 어머니와 아버지, 그리고 아내를 낳아 주신 장모님과 장인어른께 드릴 선물로 여겼기 때문입니다. 부모님은 나를 잉태하고 서원 기도를 드리신 이후로 박사학위 과정을 마칠 때까지 물심양면으로 나의 신학 공부를 지지해 주셨습니다. 결혼 직후 유학을 떠난 우리 부부는 장인어른과 장모님으로부터 이루 말로 다 할 수 없는 큰 사랑을 받았습니다. 하지만 나는 신학 공부를 시작한 이후로 일반 성도님들이 이해하기 어려운 학술적인 글들을 주로 써 왔습니다. 그래서 박사학위 과정을 마친 이후부터는 줄곧 누구나 이해하기 쉬운 언어로 책을 한 권 쓰고 싶다는 바람을 마음 한편에 품고 있었습니다. 지금까지 공부한 신학적 내용 가운데 가장 중요하다고 판단되는 것만을 모아서 양가 부모님이 공감할 수 있는 언어로 쓴 작은 책을 만들어 드린다면 이제까지 받은 은혜에 조금이나마 보답하는 길이 되지 않을까 생각했습니다. 조금 더 넓게 생각해 보면, 지금까지 나의 신앙과 신학 여정은 한국 교회 성도님들의 후원과 격려가 없었다면 불가능했을 것입니다. 그런 의미에서 이 책은 신앙 안에서 나를 낳고 길러 주신 한국 교회 성도님들에게 드리는 나의 작은 선물이라고 말할 수 있습니다.

이 책의 처음 구상은 2016년 봄, 주님의교회 신앙 강좌 '양육 클래스'로 거슬러 올라갑니다. 이후 장로회신학대학교로 임지를 옮긴 다음 신학대학원 수업과 사경회 특강 등을 통해 이 내용을 학생들과 함께 나눌 수 있었습니다. 그 밖에도 여러 교회에서 주일예배, 특별집회, 교사대학, 수련회 등에 초청을 받아 **예수님의 눈물**에 관한 이야기를 전했습니다. 때마침 지난봄, 복 있는 사람의 박종현 대표님과 문신준 기획팀장, 최병인 편집자를 만나 이야기를 나누면서 본격적으로 책을 펴내기 위한 작업에 착수했습니다. 이 모든 과정을 격려해 주신 분들게 진심으로 감사를 드립니다. 특히 이 책의 첫 번째 독자가 되어 준 아내와, 아빠가 들려주는 이야기를 너무나 좋아하는 어린 딸에게 사랑과 감사의 말을 전합니다.

2019년 12월
광나루에서

김정형

온 세상 만물을 창조하신 하나님.

세상의 오묘한 질서와 조화 속에 만물을 하나 되게 하시는 하나님의 놀라운 섭리를 찬양합니다. 하지만 하나님께서 창조하신 아름다운 세상이 우리 인간의 교만과 탐욕으로 인해 깨어지고 분열되며 갈등과 폭력으로 신음하고 있습니다.

깨어진 세상을 바라보시며 탄식하시는 하나님.

부부간, 부모와 자식 간 불화로 고통당하는 가정, 폭력으로 신음하는 가정, 삶의 소망을 잃고 함께 목숨을 끊는 안타까운 가정을 불쌍히 여겨 주옵소서. 예수 그리스도께서 친히 모든 가정의 주인이 되어 주셔서 우리의 깨어진 가정을 회복하여 주옵소서.

그리스도 안에서 하나 된 공동체를 꿈꾸시는 하나님.

우리 안에 사랑의 은사를 부어 주사 사랑의 열매가 풍성하게 하시고, 공동체에 속한 형제자매들에 대한 따뜻한 관심을 회복하게 하시고, 서로 사랑하고 용서하며 또한 용납함으로, 하나님 나라의 영광과 기쁨을 미리 맛보고 누리는 아름다운 공동체를 이루게 하옵소서.

온 세상의 역사를 섭리하시는 하나님.

이념 갈등, 계층 갈등, 세대 갈등, 노사 갈등, 지역 갈등, 남북 간의 갈등으로 나누어지고 분열된 한국 사회와 분단된 한반도를 불쌍히 여겨 주옵소서. 인종 갈등, 종족 갈등, 종교 갈등, 테러리즘, 전쟁, 생태계 파괴, 기후 위기로 신음하고 있는 지구촌을 긍휼히 여겨 주옵소서. 이 깨어진 세상 가운데 모든 생명을 살리고 모든 사람을 자유롭게 하는 하나님 나라의 참 평화가 이루어지게 하옵소서.

우리를 세상의 빛과 소금으로 불러 주신 하나님.

주 예수 그리스도의 이름을 부르는 우리에게 성령의 능력을 더하여 주셔서, 깨어진 세상을 치유하고 회복하는 사명, 깨어진 세상에서 고통받고 신음하며 죽음으로 내몰린 사람들에게 새 생명의 소망을 심어 주는 사명, 갈등과 전쟁이 있는 곳에 그리스도의 평화를 만드는 사명을 넉넉히 감당하도록 하옵소서.

모든 생명을 그 품에 끌어안으시는, 긍휼이 많으신 우리 주 예수 그리스도의 이름으로 기도드립니다. 아멘.

예수님의 얼굴

01

여러분이 믿고 있는 그 예수님이
정말 성경이 증언하며,
기독교 신앙의 근거가 되는
바로 그 예수님이라고 확신할 수 있으신가요?

·

너희는 나를 누구라 하느냐

이스라엘의 북단에 위치한 가이사랴 빌립보에서 있었던 예
수님의 행적 마 16:13-28, 막 8:27-38, 눅 9:18-27은 공관복음서의 예수
님 이야기에서 중심에 자리하고 있습니다. 가이사랴 빌립보
에서 예수님은 이스라엘 땅을 벗어나 이방 땅으로 나가실 수
도 있었습니다. 하지만 오히려 그분은 방향을 돌려 이스라엘
의 중심부인 예루살렘으로 올라가셨습니다. 이후 예수님은
골고다 십자가를 향해 일방통행의 길을 걷게 됩니다.

　이곳에서 있었던 가장 중요한 사건은 예수님의 정체에

대한 사람들 사이의 논란과 베드로로 대표되는 제자들의 분명한 신앙 고백입니다. 예수님이 물었습니다. "사람들이 인자를 누구라 하느냐" 제자들이 대답합니다. "어떤 사람은 선생님이 세례 요한이라고도 하고, 엘리야라고 말하는 사람도 있고, 또 예언자 중의 한 분이라고 말하는 사람도 있습니다." 이것은 전혀 엉뚱한 대답도 아니고, 전혀 틀린 대답도 아닙니다. 사실 당시 예수님의 행적을 지켜보던 사람들의 눈에 비추어졌던 것처럼, 예수님은 분명 세례 요한과 같은 성령으로 충만한 예언자였습니다. 예수님이 구약의 예언자들과 세례 요한처럼 하나님의 말씀을 대언하며 불의한 권력을 휘두르는 지도자들을 탄핵하고 고통 중에 신음하는 백성을 위로하는 예언자 중 하나였다는 사실은 예수님을 올바로 이해하는 데 매우 중요합니다. 물론 예수님에 대한 이해가 여기에서 그친다면 이슬람교의 창시자인 무함마드처럼 기독교 신앙의 핵심에는 다가가지 못했다고 말할 수 있습니다.

예수님은 이제 제자들에게 묻습니다. "그러면 너희는 나를 누구라 하느냐" 그때 제자들을 대표하여 베드로가 대답합니다. "선생님은 그리스도이십니다." 그리스도는 하나님의 기름부음을 받은 자라는 뜻을 가진 히브리어 '메시아'

의 헬라어 표현입니다. 이 간명한 대답은 마가복음에서 나
오며,^{막 8:29} 누가복음에서는 베드로가 "하나님의 그리스도이
십니다"라고 고백하며 언급됩니다.^{눅 9:20} 이것은 많은 사람
이 일어나 자신이 그리스도(메시아)라고 주장하던 시기에,
예수님만이 하나님께서 보내신 유일하고도 참된 그리스도
(메시아)라는 분명한 고백입니다. 우리에게 가장 친숙한 마
태복음에서 베드로는 "선생님은 그리스도시며 살아계신 하
나님의 아들이십니다"라고 고백합니다.^{마 16:16} 마태복음은
'하나님의 아들'이라는 새로운 내용을 포함시키면서 베드로
의 고백을 더욱 명료하고 풍성하게 만들고 있습니다.

오늘날 그리스도인들은 이미 '그리스도'라는 표현에 너
무 친숙해져 있어서 그 단어의 함의에 대해서는 깊이 숙고하
지 못할 때가 많습니다. 예수님이 그리스도라는 고백은 도대
체 무엇을 의미합니까? 그 고백이 오늘 우리의 삶에 어떤 의
미가 있습니까? 베드로와 제자들에게는 이 고백이 어떤 의
미였을까요? 여기에서 이 고백의 의미를 모두 다 파헤치지
는 못하겠지만, 한 가지 사실만은 분명하게 강조할 필요가
있습니다. 그것은 베드로의 고백이 단순히 입술만의 고백이
아니라, 베드로의 모든 것, 곧 생명을 포함하여 베드로가 가

진 전부가 이 고백 속에 담겨 있었다는 사실입니다. 많은 사람이 예수님을 예언자의 반열에 올려 두고 존경하였습니다. 하지만 제자들은 더 나아가 예수님을 그리스도라고 고백하면서 모든 것을 버려두고 그분을 따랐습니다.

물론 예수님을 따르는 길에 십자가가 있다는 사실을 제자들은 나중에야 비로소 깨닫습니다. 가이사랴 빌립보에서 베드로의 신앙 고백 이후에 예수님께서는 자신의 수난을 예고하실 뿐 아니라 "누구든지 나를 따라오려거든 자기를 부인하고 자기 십자가를 지고 나를 따를 것이니라"막 8:34고 말씀하셨는데, 이는 매우 의미심장합니다. 자신을 그리스도로 믿고 따르는 삶에 있어서 십자가는 피할 수 없다는 예수님의 반복적인 가르침을 베드로가 비록 뒤늦게 깨달았다 하더라도, 그는 예수님을 그리스도라고 진정으로 믿는다면 모든 것을 버리고 그분을 따라야 한다는 사실을 분명하게 알고 있었습니다. 이 점에서 "선생님은 그리스도이십니다"라는 베드로의 고백은 입으로는 예수 그리스도를 고백하지만 삶은 예수 그리스도와 전혀 무관하게 살아가는 오늘날 많은 그리스도인의 추상적인 신앙 고백과는 분명 다릅니다. 단지 입술에만 머무는 고백은 그 내용을 제대로 이해하지 못한

피상적인 고백, 형식적인 고백, 그렇기 때문에 별다른 의미가 없는 고백이라고 말할 수 있습니다.

•

하늘의 그리스도와 땅의 예수님

많은 그리스도인이 예수 그리스도를 마음으로 고백하면서도 삶의 변화를 경험하지 못하는 가장 큰 이유는 추상적이고 순화된 그리스도 이미지에 가려진 역사 속 실제 예수님의 모습을 잘 모르기 때문이 아닐까 싶습니다. 우리에게 친숙한 예수님의 이미지는 **사랑, 온유, 희생, 긍휼** 등 일반적으로 좋게 여겨지는 모든 가치를 구현하는 이상적인 인물입니다. 분명 사람이기는 한데 너무 완벽해서 사람 냄새가 나지 않습니다. 겉모습만 사람 모습이지 실제는 모든 면에서 완전하신 하나님으로만 예수님을 이해하는 사람이 적지 않습니다. 예수님은 비록 이 땅에 사셨지만 결국 하늘에 속한 분이고, 우리는 아무리 거룩해진다고 하더라도 결국 이 땅에 속한 사람들일 뿐이라는 것이죠. 적지 않은 그리스도인들이 예수님은 우리와 차원이 다르다는 선입견 때문에 감히 그분을 본받을 수 있다는 생각을 하지 못합니다. 예수님은 다만 우리의 믿음의 대상, 경배의 대상, 기도의 대상이 되어 버렸습니다. 어느덧 **인간 예수**의 자취가 우리의 신앙 고백에서 완전히 사라져 버린 것입니다.

우리는 예수 그리스도를 고백할 때 자주 부활 후 승천하셔서 하나님 우편에 계신 우주적 그리스도를 연상합니다. 그리고 그분이 이 땅에서 보통 사람처럼 평범한 삶을 살았다는 사실을 망각하곤 합니다. 하지만 "선생님은 그리스도이십니다"라는 베드로의 고백은 철저하게 인간 예수님을 향한 고백이었습니다. 이는 예수님의 신성에 대한 고백과 구분됩니다. 베드로의 고백은 이천 년 전 팔레스타인 땅을 다니며 복음을 전하고 병자를 고치며 모욕을 당하신 그 사람, 예수님이 하나님께서 보내신 참된 그리스도라는 선언이 담긴 고백입니다. 참된 그리스도를 찾는다면 이 땅을 밟고 사람들과 부대끼며 함께 먹고 마셨던, 때로는 다투고 논쟁도 하고 결국에는 사람들에게 버림받아 십자가형에 처한 바로 그분 예수님뿐이라는 것이죠.

이 예수님, 여느 사람과 다름없이 한 인간으로서 삶을 사셨던 그분을 바로 알지 못한다면, 예수 그리스도에 대한 신앙 고백은 한갓 추상적인 고백에 머물게 됩니다. 우리의 마음속에 그분을 향한 경배는 있을지 모르지만, 우리 삶의 실제적인 변화를 기대하기는 어렵습니다. 어쩌면 우리가 진짜 예수님, 실제로 살아계신 예수님이 아니라, 각자 좋아하는 이미지들을 모두 가져와 가상의 이상적인 인물을 그려놓고 그 인물을 그리스도라고 고백하고 있는 것은 아닌지 의구심이 생기기도 합니다. 여러분은 진짜 예수님을 믿고 계십니까? 혹시 다른 누군가가 알려 준, 혹은 여러분이 직접 마음속에 그린, 가상의 인물을 하나님의 그리스도라고 믿고 계시는 것은 아닙니까? 그렇다면 우리는 어떻게 그분을 알 수 있습니까? 진짜 예수님을 만나면 알 수 있겠지요. 그러기 위해서는 성경이 말하는, 특별히 복음서가 증언하고 있는 실제 예수님을 찾아가야 합니다. 그곳에서 진짜 예수님의 얼굴을 분명하게 확인해야 합니다.

추상적인 신앙 고백의 안경을 잠시 내려놓고 복음서를 다시 읽기 시작하면, 전혀 예상하지 못했던 뜻밖의 인물을 대면하게 됩니다. 분명 예수라는 이름은 익숙한데, 그분의 얼굴은 왠지 낯설어 보입니다. 예수님의 참모습을 찾아갈 때 간혹 우리는 낯선, 때로는 거부감을 불러일으키는 예수님의 모습을 만날 수도 있습니다. 그때 여러분은 결단하셔야 합니다. 내가 이미 가지고 있던 과거의 추상적인 그리스도의 이미지를 고수할 것인가, 아니면 복음서가 보여주는 실제 예수님의 모습에 비추어 내가 가진 그리스도의 이미지를 새롭게 고쳐 갈 것인가?

•

예수님이 꽃미남이 아니었다면

예수님의 얼굴을 그린 두 개의 이미지가 있습니다. 하나는 수년 전 제작된 영화 「예수」에 나오는 주인공의 얼굴이고, 다른 하나는 영국의 한 법의학 전문가가 예수님의 실제 얼굴이었을 것으로 추정하며 복원한 1세기 팔레스타인 유대인 청년의 전형적인 얼굴입니다. 오늘날 많은 한국 그리스도인에게 익숙한 예수님의 얼굴은 하얀 피부, 밝은 갈색 톤의 긴 머리카락, 그윽한 눈매를 가진 꽃미남의 얼굴입니다. 하지만 리처드 니브Richard Neave가 과학 수사에 활용되는 법의학적 기술을 통해 예수님 당시 셈족 사람들의 두개골을 분석하여 복원한 예수님의 얼굴은 짙은 색의 피부와 머리카락, 부리부리한 눈매를 가지고 있습니다.

여러분은 두 얼굴의 주인공 중 누가 더 진짜 예수님을 닮았다고 생각하십니까? 여러분이 천국에 가서 이 둘을 동시에 만난다면 누구에게 달려가 그 품에 안기시겠습니까? 나는 여러 곳에서 비슷한 질문을 던져 보았는데, 흥미롭게도 첫 번째 질문에 대한 대답과 달리 두 번째 질문에 대한 대답은 대부분 한결같았습니다. 사실 적지 않은 성도님들이 두 번째 이미지를 보고서는 충격을 받았습니다. 부리부리한 눈매의 예수님 이미지를 마주한 그들은 "설마!" 하면서 의혹의 눈초리를 보였습니다. 이 글을 읽고 있는 여러분의 생각은 어떻습니까? 만약 예수님의 얼굴이 두 번째 이미지와 가깝다면, 그렇다고 해도 예수님을 주님으로, 하나님으로 믿고 고백하며 따를 수 있으신가요?

예수님의 얼굴을 그린 두 이미지 중에 어느 것이 예수님의 실제 얼굴에 더 가까울지 나도 참 궁금합니다. 하지만 우리는 그 결론을 지금 여기서 내릴 수 없습니다. 사실 기독교 신앙에 있어서 예수님의 얼굴이 어떠했는지는 별로 중요하지 않지만, 예수님의 얼굴이 자신들이 기존에 생각했던 것과 다를 수 있다는 가능성에 적지 않은 성도님들이 충격을 받는다는 사실은 매우 중요한 시사점을 지니고 있습니다. 그것은 예수님의 얼굴뿐 아니라 그분의 인격과 사역에 대해서도 우리가 이미 어떤 선입견을 품고 있어서, 성경이 제시하는 확실한 증거마저도 무의식중에 부정하고 있을 개연성이 있다는 것을 암시하기 때문입니다. 여러분이 믿고 있는 그 예수님이 정말 성경이 증언하며, 기독교 신앙의 근거가 되는 바로 그 예수님이라고 확신할 수 있으신가요? 혹시 실제 역사 속에 살았던 예수님이 아니라 영화 속의 꽃미남처럼 머릿속에 마음대로 그려 놓은 가상의 인물을 예수님이라고 착각하고 있는 것은 아닐까요?

·

예수님은 과연 호탕하게 웃으셨을까?

대학을 졸업하자마자 장로회신학대학교 신학대학원 과정에 입학한 나는 입학 직후 공군 장교로 군 복무를 했습니다. 2002년 6월 제대한 다음 날부터 나는 당시 대구 남산교회 청년부 담당 부목사님의 인솔 아래 그 교회 청년들과 중국 단기 선교 여행을 다녀왔습니다. 일정 중에 탈북민들이 일하고 있는 수공예품 공장을 잠시 방문할 기회를 얻었는데, 그곳에서 나는 지금까지도 마음속에 깊이 남아 있는 예수님의 모습을 보았습니다. 십자수 액자 속에는 머리카락을 흩날리며 호탕하게 웃고 있는 예수님의 얼굴이 그려져 있었는데, 그 얼굴은 내가 기존에 알고 있던 '성스러운' 예수님 이미지와는 너무 다른, 나의 선입견을 확 깨버리는, 당시로서는 매우 낯선 예수님의 이미지였습니다. 그 이후로 나는 예수님의 그 호탕한 웃음에 반해 버렸습니다.

이 일은 개인적으로 나의 생각에 많은 변화를 가져왔습니다. 무엇보다도 예수님의 인간적인 모습에 눈을 뜨게 되었습니다. 그전까지는 예수님이 온화하고 따뜻한 분이기는 하지만, 너무 거룩해서 가까이 다가가기에는 부담스러운 분처럼 느껴졌습니다. 그러나 이 호탕한 웃음의 주인공은 이웃집 삼촌처럼 나에게 다가왔습니다. 이후로 나는 인간 예수, 우리와 동일한 성정을 가진 한 인간이신 예수님에게 점점 더 관심을 갖기 시작했습니다. 예수님도 우리와 마찬가지로 동일한 성장 과정의 진통을 겪었을 것이고, 시간이 지나면서 성경과 하나님을 아는 지식이 자라났을 것이며, 당시 사회 문화와 관습에 조금씩 적응해 갔을 것입니다. 말하자면, 예수님도 다른 보통 사람들처럼 시간 속에서 성숙해졌을 것입니다. 또한 예수님은 우리와 동일한 생물학적 조건을 가지셨을 것입니다. 음식을 먹지 않으면 배가 고프고, 물을 마시지 않으면 목이 마르고, 상한 음식을 먹거나 과식혹은 과음을 하면 배탈이 나고, 화장실에서 갖는 혼자만의 시간도 필요했을 것입니다.

예수님이 과연 호탕하게 웃으신 적이 있는지를 두고 신학자들 사이에 꽤나 진지한 토론이 있었다고 들었습니다. 그것은 복음서 안에 예수님의 호탕한 웃음에 대한 분명한 언급이 없기 때문입니다. 하지만 우리의 생각을 조금 확장시켜 보면, 이 질문에 대한 명확한 대답이 가능합니다. 기독교 전통은 초대교회에서부터 예수님이 참 하나님이자 참 인간이라고 고백해 왔습니다. 예수님이 참 인간이었다는 것은 사실 예수님이 지성과 의지뿐 아니라 정서, 심리, 생리 등 모든 측면에서 우리와 동일한 인간성을 가지고 있었다는 것을 의미합니다. 말씀이 육신이 되었다는 성육신의 기본 진리역시 예수님이 인간의 모든 조건을 공유하셨다는 뜻에서 이해할 필요가 있습니다.

사람 냄새 나는 예수님 이야기

이 밖에도 어릴 적부터 가지고 있던 예수님에 대한 고정관념이 깨어지는 경험은 나에게 여러 번 있었습니다. 한번은 예수님과 관련된 영화 한 편을 볼 때였습니다. 예수님이 제자들과 함께 길을 가다가 갑자기 서둘러 앞서가시더니, 잠시 후에 우물물을 받아 둔 물 두덩이 앞에 서서 다가오는 제자들을 향해 물을 뿌리고, 재미있다는 듯이 장난기 어린 미소를 띠고 달아나는 것이었습니다. 중학교 1학년 때 좋아하는 선생님께 장난을 치다가 너무 까분다며 뺨을 맞고 혼이 난 이후로, 나는 하나님께서 내 장난을 받아 줄 것이라는 생각을 한 번도 해 본 적이 없습니다. 하지만 영화 속 예수님의 장난기 어린 행동은 내가 혹 잘못된 선입견에 빠져 있을 수도 있었겠다 싶은 생각을 하게 만들었습니다.

사실 성경을 읽어 보면, 예수님이 어느 귀족이나 양반처럼 근엄하고 고상하기보다는 보통 사람들과 마찬가지로 평범하고 서민적인 인물이었음을 짐작할 수 있습니다. 이 점에서 예수님은 주변 사람들이 볼 때 세례 요한과도 다른 성품의 사람이었습니다.

> 세례 요한이 와서 떡도 먹지 아니하며 포도주도 마시지 아
> 니하매 너희 말이 귀신이 들렸다 하더니 인자는 와서 먹고
> 마시매 너희 말이 보라 먹기를 탐하고 포도주를 즐기는 사
> 람이요 세리와 죄인의 친구로다 하니 지혜는 자기의 모든
> 자녀로 인하여 옳다 함을 얻느니라.   눅 7:33-35

이런저런 계기를 통해 나는 예수님을 단순히 하나님의 아들
과 신적인 존재로만 보지 않고, 그분이 나와 동일한 생물학
적, 사회학적 조건 속에서 살았다는 사실을 진지하게 생각
하기 시작했습니다. 그러면서 복음서에 나타난 예수님의 이
야기들이 내 눈에 새롭게 들어왔습니다. 예수님도 우리처
럼 불쌍한 사람을 보면서 긍휼함을 느끼고 눈물을 흘렸으
며, 불의한 권력 앞에서는 거룩한 분노에 사로잡혔습니다.
또한 불의한 세상에서 하나님의 의를 부르짖었던 수많은 순
교자와 마찬가지로 억울하고 끔찍한 폭력의 희생자가 되었
습니다. 다시 말해, 나는 인간 예수님을 더욱 깊이 이해할수
록, 예수님의 이야기 속에서 우리의 이야기를 발견할 수 있

었고, 또한 우리의 이야기 속에서 예수님의 이야기를 발견할 수 있었습니다. 더욱더 흥미로운 점은 예수님이 우리와 동일한 성정의 사람이었다는 사실을 깨달을수록, 그분은 점점 나의 삶에 더욱 특별한 존재가 되어 갔다는 사실입니다.

어둠을 몰아내는 생명의 빛

02
....

예수님은 흑암의 세상에서
죽음으로 내몰리고 있는 작은 자들의 고통에
가장 우선적인 관심을 둠으로써,
죽음을 가져오는 깨어지고 어그러진 관계들을
밝은 빛 가운데 드러내어 폭로하십니다.

．

라마에서 슬퍼하며 크게 통곡하는 소리가 들리니

예수님이 태어날 당시 베들레헴 주변에 사는 많은 사람을
공포로 몰아간 참혹한 대학살 사건이 있었습니다. 마 2:16-18
이것은 예수님의 운명을 예견하는 비극적인 사건이었습니
다. '유대인의 왕'이 태어났다는 소식에 자신의 왕권에 위협
을 느낀 헤롯 왕이 베들레헴 인근에서 태어난 두 살 아래 모
든 사내아이를 모조리 죽이도록 명령했습니다. 백성의 안위
를 돌보아야 할 마땅한 책임이 있는 왕이 자신에게 위임된
권한을 남용해 오히려 가장 연약한 갓난아기들을 살육하고
온 백성을 공포에 떨게 했습니다. 아기 예수님이 태어난 그

곳에서는 선혈이 낭자하고 피비린내가 가득했습니다. 이처럼 당대의 가장 극악한 폭력이 예수님과 가장 가까운 곳에서 자행되었습니다.

그때 예수님은 천사의 도움으로 그 끔찍한 현장을 피해 살아남았습니다.ᵐ 2:13-15 예수님은 살았으니 천만다행이라고 말해도 될까요? 이 또한 하나님의 섭리 아래 일어난 일이니, 그때 그 일을 더 이상 기억할 필요가 없다고 말할 수 있을까요? 왜 아무것도 모르는 어린 생명들이 무참히 살육되었는지 곰곰이 한번 생각해 봅시다. 근본적인 이유는 헤롯왕의 권력욕과 괴팍한 성격 때문일 것입니다. 하지만 예수님의 출생이 이 비극의 발단이 되었다고 말하는 사람이 혹 있을 수도 있습니다. 우리는 예수님이 모든 사람을 대신해서 죽었다고 알고 있습니다. 하지만 예수님이 태어날 당시에는 그분을 죽이려는 헤롯 왕의 손에 수많은 사내아이가 아무 이유 없이 억울하게 죽임을 당했습니다. 산고를 겪으며 낳은 아이를 눈 깜짝할 사이에 잃어버린 엄마들은 어찌할 바를 알지 못하고 다만 통곡할 뿐이었습니다. 생각만 해도 끔찍하지만, 여러분이 만약 당시 살육당한 갓난아기의 엄마, 아빠였다면 심정이 어떠했을 것 같습니까? 마태복음은 눈물의 선지자 예레미야의 글을 인용하여 당시 부모들의 심정을 다음과 같이 묘사하고 있습니다.

> 라마에서 슬퍼하며 크게 통곡하는 소리가 들리니 라헬이 그
> 자식을 위하여 애곡하는 것이라. 그가 자식이 없으므로 위
> 로 받기를 거절하였도다…….
> 마 2:18

어떻게 이런 일이 일어날 수 있습니까? 어떻게 모든 사람을 구원하기 위해 오신 바로 그 예수님의 탄생 소식 때문에 세상에서 가장 연약하고 힘없는 아기들이 아무 저항도 못 하고 무참히 죽임을 당할 수 있습니까? 물론 이 끔찍한 비극의 책임을 이제 갓 태어난 예수님에게 묻는 것은 정당하지 않습니다. 구약 시대 모세의 출생 당시에도 이와 비슷한 상황이 발생한 적이 있습니다. 그때 이집트 사람들은 모세라는 특정한 아기를 죽이려고 한 것이 아니라, 히브리 백성의 모든 아기를 죽이려 했고 그중에서 모세가 기적적으로 살아남았습니다. 모세의 출생 이야기에 비추어 예수님의 출생 이야기도 다시 한번 읽어 볼 수 있습니다. 아마도 헤롯 왕이 두려워한 것은 예수라는 특정한 한 인물이었다기보다 장차 자

신의 정치적 세력에 위협이 될 만한 모든 유대인의 아기였을 것입니다. 헤롯은 잠재적 위협 세력을 제거하기 위해 유대인 가정의 모든 아기를 죽이라고 명령했고, 예수님은 천사들의 도움으로 가까스로 그 위기를 탈출했다고 생각해 볼 수 있습니다. 그런데도 우리는 여기서 예수님의 탄생과 이 끔찍한 비극 사이의 피할 수 없는 상관관계에 주목할 필요가 있습니다. 말하자면 이 세상을 지배하는 악한 세력은 세상의 구원자로 오신 예수님이 태어나는 순간부터 이미 예수님을 죽이려고 마음먹고 있었습니다.

한편 베들레헴의 갓난아기들이 무참히 죽임을 당하는 이 비극 앞에서 예수님을 이 땅에 보내신 하나님 아버지의 마음은 어떠했을까요? 내 아들은 살았으니, 계획대로 구원 역사를 펼쳐 갈 수 있게 된 것을 다행으로 여기며 안심하셨을까요? 예수님이 혹 나중에라도 헤롯 왕이 자신을 죽이기 위해 아무 잘못 없는 갓난아기들을 죽였다는 사실을 알게 되었다면, 그때 예수님의 마음은 어떠했을까요? 이 끔찍한 비극 앞에서 예수님은 자식이 없어 통곡했던 라마의 라헬처럼 그 어떤 위로도 거부하며 슬퍼하고, 탄식했을 것입니다. 사실 예수님이 태어날 때 벌어졌던 이 비극은 이후 예수님의 삶 전반에 어두운 그림자를 드리웠습니다. 그리고 우리가 잘 아는 것처럼 예수님 또한 결국 이 세상의 불의하고 끔찍한 폭력의 무고한 희생자 중 하나가 되었습니다.

•

격동의 역사 한복판에서

2012년 주님의교회 부목사로 부임한 첫해, 나는 성지순례단 인솔교역자로서 이스라엘과 요르단을 방문했습니다. 일정 중 예수님의 고향 나사렛을 방문한 뒤 그곳에서 북서쪽으로 6킬로미터 정도 떨어진 세포리스를 방문할 기회를 얻었습니다. 지금의 세포리스는 과거의 흔적만 간직한 유적지가 되었지만, 예수님 당시의 세포리스는 생각했던 것보다 훨씬 흥미로운 도시였습니다.

예수님이 공생애 사역을 하실 무렵 갈릴리의 행정 중심지는 갈릴리 해변의 디베랴였습니다. 하지만 예수님의 유년 시절에는 세포리스가 갈릴리의 행정 중심지였습니다. 예수님이 열 살쯤 되었을 무렵(기원후 6년경)의 일입니다. 갈릴리 지역에서 에제키야의 아들 유다를 중심으로 열심당원들이 규합하여 로마 제국에 맞서는 민족 독립 전쟁을 감행했습니다. 로마 제국의 입장에서 그들은 반란 세력 혹은 테러 집단이었죠. 당시 역사가 요세푸스의 기록에 따르면, 도적 떼 두목으로 묘사된 에제키야의 아들 유다는 갈릴리 세포리스 주변에 살던 절망에 빠진 수많은 사람을 조직하여 당시 왕의 요새였던 세포리스를 침공했습니다. 그곳에서 무기를 포획해서 따르는 무리를 무장시키고 보물들을 갈취했다고 합니다. 로마 황제는 시리아의 총독 바루스를 보내어 이 반란 세력들에 대한 응징을 단행했고, 반란군들을 처형하기 위해 세포리스 주변에 무려 2천 개의 십자가를 세웠다고 합니다. 과격한 폭력으로 얼룩진 이 일련의 사건들이 예수님이 자라고 있었던 나사렛에서 불과 얼마 멀리 떨어지지 않은 곳에서 일어났습니다. 혹 예수님의 부친 요셉이 이 사건들에 연루되지는 않았을까요? 요셉이 직접 관여하지 않았다 하더라도, 분명 예수님의 이웃 중에는 독립운동에 가담하여 십자가 처형을 당한 사람들의 가족도 있었을 것입니다. 만약 그랬다면, 예수님은 이 일들을 접하면서 무엇을 느끼고 무엇을 생각했을까요?

세포리스와 관련한 또 한 가지 흥미로운 사실은 헤롯

왕이 죽은 다음 갈릴리와 베뢰아 지역의 분봉왕이 된 헤롯 안티파스가 자신의 궁이 있는 세포리스 재건을 위해 대규모 토목 사업을 실시했다는 것입니다. 헤롯 안티파스는 세포리스를 '갈릴리의 장식물', '황제의 수도'로 만들려고 했습니다. 어떤 사람들은 예수님의 아버지 요셉이 목수로서 세포리스 재건을 위한 강제 부역에 동원되었다가 건강이 악화되어 요절했다고 추측하기도 합니다. 유대인들의 민족사뿐 아니라 그 가운데 예수님의 가정사 또한 당시 어두운 역사의 흔적을 안고 있었을 가능성이 다분합니다. 예수님은 이처럼 불의한 권력이 자신의 아버지를 포함하여 무고한 백성을 죽음으로 몰아넣는 흑암의 땅, 죽음의 그늘진 곳에서 성장했습니다. 따라서 예수님의 어린 시절이 그저 평온하고 안전하거나 마냥 행복하고 웃음이 가득했다고 보기는 어려울 것 같습니다.

신약성경이 예수님 당시 갈릴리 지역을 흑암, 사망의 땅, 그늘에 비유한 것은 바로 이러한 이유 때문입니다. 마 4:16 예수님은 이처럼 어둠과 죽음의 세력이 다양한 모습으로 그 손을 펼치고 있는 갈릴리에서 자랐습니다. 당시 갈릴리 백성은 로마 황제에게 바치는 조공은 물론이고 예루살렘 종교지도자들에게 성전세까지 이런저런 모양으로 납부하고 서는 대물림된 가난을 극복할 길이 없었습니다. 설상가상으로 집안에서 일할 만한 사람들이 모두 강제 부역에 동원되는 날에는 살길마저 막막해졌습니다. 가난은 열악한 환경을 낳고, 열악한 환경은 질병을 낳고, 질병은 다시 가난을 심화시키는 악순환이 계속되었습니다. 그들은 하나님의 선민으로서 율법을 지키며 품위를 유지하고 싶었지만, 도저히 삶의 여유를 찾을 수 없었습니다. 그러다 보니 하나님을 예배하는 언약 백성 공동체로부터 조금씩 소외되고 있다는 것을 알면서도 어찌할 바를 몰랐습니다.

·

밤이 깊을수록 별은 더욱 밝게 빛난다

오늘날 많은 부모님의 기대치에 비추어 볼 때 예수님의 성장 환경은 참으로 불우했다고 말할 수 있습니다. 예수님은 미혼모의 아들로 태어나 아버지를 일찍 여의었으며, 가난하고 힘없고 병약한 사람들이 모여 사는 변두리 마을의 한 가난한 가정에서 자랐고, 당시 왕권과 제국의 잔혹한 학살과

수탈, 그에 맞서는 민중의 무력 항쟁과 권력자들의 보복 진압 등을 가까운 거리에서 보며 성장했을 것입니다. 우리는 예수님이 죽음의 그림자가 드리운 어두운 세상 속에 오셔서 참으로 불우한 환경에서 자라났다는 사실을 진지하게 생각할 필요가 있습니다. 그때 비로소 우리는 세상의 빛으로 오신 예수님의 삶과 사역의 의미를 구체적으로 이해할 수 있기 때문입니다.

미국 유학 시절 한번은 캘리포니아 주 몬터레이에서 로스앤젤레스까지 늦은 밤 운전을 한 적이 있습니다. 도중에 아주 한적한 시골 마을을 지나가는데, 하늘에서 밝게 빛나는 별들을 보고 매우 깊은 인상을 받았습니다. 밤이 깊을수록, 주변에 불빛이 없을수록, 하늘의 별은 더욱 밝게 빛난다는 사실을 확인했습니다. 이처럼 예수님의 불우한 성장 환경은 예수님을 통해 새롭게 시작되는 **하나님 나라 이야기**를 더욱 밝게 만들어 주는 배경이 됩니다.

사실 예수님의 불우한 성장 환경은 그분이 삐뚤어지지 않고 오히려 하나님 앞에서 올곧게 성장하는 데 바탕이 되었습니다. 죽음의 그림자가 드리워 있고 자칫 우울과 절망에 빠지기 쉬운 시대 현실 속에서 예수님은 깨어진 세상을 바라보며 안타까워하고 탄식하는 사람, 고통 중에 신음하는 사람들과 함께 아픔과 슬픔을 같이하는 사람, 긍휼과 연민이 가득한 사람, 불의에 희생당하는 힘없는 사람들에게 한없이 따뜻한 사람, 공평과 정의에 굶주린 사람, 하나님의 의를 갈망하는 사람, 하나님 나라의 참 평화를 소망하고 만들어 가는 사람, 하나님의 생명을 해치는 모든 불의와 폭력에 맞서 저항하는 사람, 그러면서도 세상을 포기하지 않고 세상의 죄악을 대신 짊어지는 사람으로 성장했습니다. 그렇게 예수님은 팔복마 5:3-12의 가치를 자신의 인격과 삶 속에서 구현하며, 암흑 같은 세상을 밝히는 생명의 빛이 되었습니다.

예수님의 성숙한 성품과 비전은 단순히 산상수훈마 5-7장과 같은 고귀한 가르침에만 나타나지 않습니다. 그것은 예수님의 공적 사역의 면면에 깊숙이 배어 있었습니다. 세례 요한의 제자들이 스승의 보냄을 받고 예수님께 와서 예수님 자신이 하나님이 보낸 메시아가 맞는지 물었을 때, 그분은 이렇게 대답했습니다. "너희가 가서 보고 들은 것을 요한에게 알리되 맹인이 보며 못 걷는 사람이 걸으며 나병 환자가 깨끗함을 받으며 귀먹은 사람이 들으며 죽은 자가 살아나며 가난한 자에게 복음이 전파된다 하라."눅 7:22 예수님은 이처럼 당시 갈릴리의 병약한 자들을 고치고 귀신들을 쫓아내고 죄인들을 용서하고 용납하면서 가난한 사람들, 눌린 사람들, 소외된 사람들, 장애인들에게 생명을 가져다주는 빛이 되었습니다. 바로 이러한 이유 때문에 마태복음은 흑암의 땅 갈릴리에서 본격적으로 공적 사역을 시작하는 예수님을 큰 빛으로 비유합니다.

> 스불론 땅과 납달리 땅과 요단강 저편 해변 길과 이방의 갈릴리여, 흑암에 앉은 백성이 큰 빛을 보았고 사망의 땅과 그늘에 앉은 자들에게 빛이 비치었도다……. 　마 4:15-16

요컨대, 예수님은 이 어둠의 땅, 곧 죽음의 세력이 모든 생명을 질식시키고 억압하며, 착취하고 죽음으로 몰아넣는 이 땅에 구세주로 오셨습니다. 예수님이 흑암의 땅을 비추는 빛으로 왔다는 성경의 진리와 관련해서 우리는 예수님의 구원 사역을 폭넓게 이해할 필요가 있습니다. 예수님이 이 땅에 온 궁극적인 목적은 단순히 우리 개개인을 하나님과 화해시키는 데 있지 않고, 하나님이 창조한 세상에서 생명을 파괴하는 모든 세력을 몰아내고 이 땅 가운데 하나님의 **정의**와 **평화**의 통치를 온전하게 구현하는 데 있었습니다. 예수님은 당시 사람들의 어두워진 마음뿐 아니라 죽음의 그늘에서 어둠으로 뒤덮인 땅을 환하게 비추는 빛이었습니다. 예수님이 세상의 빛이라는 성경의 증언을 이해할 때 예수님 당시 그 땅이 무엇 때문에 얼마나 어두웠는지를 고려하지 않는다면, 오늘날 그 증언은 우리의 구체적인 삶에 대해서도 별다른 의미를 갖지 못하는 추상적인 진리로만 남아 있게 될 것입니다.

•

생명의 빛

여러분은 해와 달 중에 무엇을 더 좋아하시나요? 나는 해보다 달을 더 좋아합니다. 스스로 빛을 발산하는 '해'와 달리 '달'은 햇빛을 반사함으로써만 빛을 낼 수 있고, 늘 한결같은 크기를 유지하는 '해'와 달리 '달'은 매일 그 크기를 달리하는 분명한 한계를 안고 있습니다. 이러한 한계에도 불구하고, 아니 바로 그 한계 때문에 나는 달을 더욱 좋아합니다. 달은 나의 부족함을 잘 이해해 줄 것 같거든요.

여기에 더해서 한 가지 더 큰 이유가 있습니다. 어린 시절 나는 면 소재지에서 조금 떨어진 외딴집에서 살았는데, 그 집의 동서남북 네 면은 각각 도랑둑, 과수원, 돼지 막사, 논과 맞닿아 있었습니다. 가로등이 없던 그 시절 마을에서 놀다가 해가 지면 도랑둑을 따라 난 좁은 길은 칠흑같이 어두웠습니다. 당시는 텔레비전 프로그램 「전설의 고향」이 유행하던 시절이었고 무서움이 많았던 나는 찬송가 「마귀들과 싸울지라」를 큰 소리로 부르며 그 길을 쏜살같이 달려갔습니다. 그런데 가끔 그 좁은 길을 편안하게 걸어갈 때가 있었는데, 그날은 어김없이 달이 하늘에 떠 있을 때였습니다. 그때 나는 사람들이 만든 빛이 닿지 않는 곳, 세상에서 가장 어두운 곳을 말없이 조용히 비추어 주는 달의 모습에 큰 감동을 받았습니다. 내가 달을 좋아하는 가장 큰 이유는 바로 이 기억 때문입니다.

해와 달은 우리가 살고 있는 지구를 비추는 빛이지만, 예수님은 온 세상을 비추는 빛입니다. 세상의 빛 예수님은 생명을 가져다주는 빛입니다. 빛은 단순히 앞을 볼 수 있게 하는 것만을 의미하지 않고, 어둠은 단순히 빛이 없어 앞을 보지 못하는 것만을 의미하지 않습니다. 과학 시간에 배웠듯이, 빛은 생명의 근원입니다. 빛은 식물의 광합성을 가능하게 하고, 식물의 광합성은 복잡한 생태계 먹이사슬에 가장 기초적인 영양분을 공급합니다. 빛이 없으면 생명이 생겨날 수도 없고 유지될 수도 없습니다. 예수님은 모든 생명이 그곳에서부터 비롯되는 생명의 빛입니다.

> 태초에 말씀이 계시니라. 이 말씀이 하나님과 함께 계셨으니 이 말씀은 곧 하나님이시니라. 그가 태초에 하나님과 함께 계셨고 만물이 그로 말미암아 지은 바 되었으니 지은 것이 하나도 그가 없이는 된 것이 없느니라. 그 안에 생명이 있었으니 이 생명은 사람들의 빛이라. 요 1:1-4

빛이 생명인 것은 단순히 생물학적인 이유 때문이 아닙니다. 마음이 무언가에 짓눌려 어둡고 우울한 사람은 살아있지만 죽은 것과 다름없는 삶을 삽니다. 조금 다른 의미에서, 마음의 눈이 어두워 하나님의 진리를 분별하지 못하는 사람은 자기 확신 가운데 사는지는 몰라도 결국 사망의 길을 피할 수는 없습니다. 이런 사람들에게 예수님은 참 생명, 풍성한 생명을 가져다주는 참 빛입니다. 예수님은 우리의 마음을 짓누르는 무거운 짐을 대신 지고 우리를 그 짐에서부터 해방시켜 줍니다.

> 수고하고 무거운 짐 진 자들아 다 내게로 오라. 내가 너희를
> 쉬게 하리라.   마 11:28

예수님은 우울하고 슬픈 우리를 위로하며, 우리의 미래에 꿈과 소망을 갖게 하고 새 생명을 불어넣습니다. 또한 예수님은 우리에게 하나님이 어떤 분이신지, 하나님이 우리에게 무엇을 약속하셨으며 무엇을 바라시는지 깨닫게 하며, 오직 진리의 빛 가운데로 우리 삶을 인도합니다. 그뿐 아니라, 예수님이 생명의 빛이라는 성경의 진리는 사회적으로도, 공동체적으로도 매우 큰 의미가 있습니다. 그것은 하나님이 창조한 생명을 파괴하는 어둠의 세력이 사회적-공동체적 차원에서 매우 강력한 힘을 행사하고 있기 때문입니다. 생명을 앗아가는 것은 단순히 굶주림이나 목마름, 낙심이나 절망만이 아닙니다. 사실 우리는 사회적-공동체적 관계에서 서로의 생명을 앗아갈 때가 더 많습니다. 잔인한 말이 연약한 생명을 실족시키고, 불의한 판결이 무고한 생명을 파괴하고, 부당한 차별이 억울한 죽음을 낳습니다. 우리가 사는

세상을 어둡게 만드는 것은 대부분 이처럼 깨어지고 왜곡된 관계들입니다. 예수님은 흑암의 세상에서 죽음으로 내몰리고 있는 작은 자들의 고통에 가장 우선적인 관심을 둠으로써, 죽음을 가져오는 깨어지고 어그러진 관계들을 밝은 빛 가운데 드러내어 폭로하십니다. 예수님은 이 쓰리고 아픈 과정을 통해 깨어진 관계를 회복하고 틀어진 관계를 바로잡으십니다. 또한 예수님은 죽음으로 내달리는 우리 사회가 다시금 생명의 길로 나아갈 수 있도록 올바른 방향을 제시해 주는 등대와 같은 빛이 됩니다. 예수님은 그렇게 우리 안에 있는 **죽임의 문화**를 **살림의 문화**로 변화시켜 줍니다.

·

잃어버린 미소를 찾아서

예수님은 사망의 그늘에서 신음하고 있는 생명을 살리고 풍성하게 만드는 참 빛입니다. 생명의 빛 예수님을 올바르게 이해하기 위해서는 어두운 세상의 현실을 올바르게 이해하는 것이 필수적입니다. 보다 구체적으로 말하면, 무엇 때문에 무고한 사람들이 사망의 그늘에서 고통당하고 있는

지, 구체적으로 누구의 어떤 죄악이 하나님께서 사랑하시는 세상을 이토록 어둡게 만들고 있는지 명민하게 분별할 필요가 있습니다. 따라서 세상을 어둡게 만들고 생명을 죽음으로 내몰고 있는 이 땅의 죄악을 정확하게 파악하고 이해하는 일은 너무나 중요합니다. 하지만 어두운 현실에 대한 인식이 비관주의나 절망으로 이어지는 것은 바람직하지 않습니다. 환경이 사람을 만든다는 생각은 결정론적, 운명론적 사고의 오류이며, 이는 결코 기독교 신앙과 양립할 수 없습니다.

오히려 세상의 어둠에 대한 이해가 깊어질수록, 또는 생명을 죽음으로 내몰고 있는 죄와 악의 강력한 세력에 대한 경험이 깊어질수록, 우리는 탄식하는 영성, 저항하는 영성, 중보하는 영성, 회개하는 영성을 길러야 합니다. 더 나아가 우리는 날마다, 매 순간 새 일을 행하시는 하나님을 향하는 믿음을 가져야 합니다. 지금과 다른 새로운 세상을 꿈꾸는 소망의 영성, 온갖 어려움 속에서도 하나님 나라와 의를 꿋꿋이 추구해 가는 인내의 영성이 오늘 우리 그리스도인들에게 절실하게 요청되고 있습니다. 죽음의 그늘에서 신음하고 있던 사람들에게 생명의 빛을 비춘 예수님처럼, 우리 또한 이 암울한 시대를 밝히는 등불이 되어야 할 것입니다.

　　2018년에 개봉된 영화 「가버나움」은 팔레스타인 북서쪽 레바논의 수도 베이루트에서 출생신고서를 비롯해 공인된 신분증 없이 살아가는 가난한 사람들의 이야기를 마치 한 편의 다큐멘터리처럼 사실적으로 그리고 있습니다. 신분증이 없기 때문에 병원과 같은 사회 안전망의 보호를 받지 못하는 사람들, 불법 체류가 들통나면 즉시 구금되거나 추방되는 사람들, 그들의 약점을 잘 알고 이용하는 영악한 사람들로부터 조혼과 인신매매 등 부당한 착취를 당하는 사람들, 비참한 현실 속 자신과 가족의 생존을 위해 절도, 문서 위조, 마약 밀매 등 불법을 저지르는 사람들의 모습이 영화에 등장할 때, 가슴이 먹먹해지고 눈물이 났습니다. 영화에서 다루는 내용이 누군가 지어낸 이야기가 아니라 오늘 우리가 사는 지구촌의 현실이라는 사실에 마음이 더욱더 슬프고 아팠습니다. 영화는 열두 살의 주인공이 신분증에 들어갈 사진을 찍으면서, 극적으로 얼굴에 미소를 띤 채 끝이 납니다. 과연 우리는 오늘날 지구촌에서 이처럼 비참한 상황에 노출되어 있는 어린아이들에게 다시금 해맑은 미소를 찾아줄 수 있을까요?

환상을 품다

03

예수님은 당대의 암울한 현실에도 불구하고,
아니 죽음의 그늘에서 신음하는 백성 한가운데에서,
그 현실을 초월하는 동시에 그 현실을 관통하여
죽음의 땅을 생명의 땅으로 변화시키는
하나님의 새 일들에 대한 환상을 보았습니다.

꿈꾸시는 하나님

하나님은 꿈꾸시는 하나님입니다. 무로부터 세상을 창조하기로 작정했을 때부터 그분은 세상의 미래를 향해 아름다운 꿈을 꾸고 있었습니다. 마치 어머니가 아이를 태중에 가졌을 때부터 아이의 미래를 향해 아름다운 꿈을 꾸는 것처럼 말입니다. 그리고 하나님은 세상을 창조하실 때 가졌던 그 꿈을 여전히 마음속에 품고 계시며, 그 꿈을 현실로 만들기 위해 지금도 여전히 일하고 계십니다.

하나님은 세상을 창조하고, 그 세상에 펼쳐지는 일들을 무관심하게 방관하는 분이 아닙니다. 우리가 믿는 하나님은 자신이 창조한 세상을 너무도 끔찍하게 사랑하시며, 그 세상의 일들을 세세하게 살피시고, 특별히 우리 인생들을 그 머리카락까지 헤아리시며 돌보는 분입니다. 세상을 너무도 사랑하는 하나님은 이 세상이 하나님께서 예비하신 복으로 가득한 곳이 되길 소망하고 있으며, 그 꿈을 현실로 만들기 위해 밤낮없이 쉬지 않고 일하시는 분입니다. 우리가 살고 있는 이 세상을 창조하신 하나님, 자신이 창조한 세상을 그토록 사랑하시는 하나님, 그 세상을 향해 아름다운 꿈을 꾸고 있는 하나님, 그 꿈을 이루기 위해 지금도 일하시는 하나님을 여러분은 꼭 기억하셔야 합니다.

　　나는 가끔 혼자서 우주여행을 즐깁니다. 미국 자연사 박물관에서 제작한 약 7분 분량의 유튜브 동영상 「The Known Universe」는 지구 표면에서 출발하여 인공위성들을 지나고 달을 지난 뒤 태양을 지나갑니다. 그리고 태양계마저 멀리하고, 잠시 후에는 우리 태양계가 속한 은하계를 넘어, 수백억 개의 은하계를 지나, 137억 년 전의 원시 우주로 우리를 데려갑니다. 이 광대한 우주를 여행할 때면 나는 속으로 이런 질문을 던집니다. 하나님은 이 광대한 우주를 왜, 어떠한 목적을 가지고 창조하셨을까? 이 우주를 향해 하나님은 어떤 꿈을 꾸고 계시는 걸까? 우주여행을 마치고 돌아올 때 나는 달에서 잠시 멈추어 섭니다. 그리고 그곳에서 푸른 지구를 보며 다시 질문합니다. 하나님은 이 광대한 우주의 한 귀퉁이에 자리한 이 보잘것없는 작은 행성을 왜 이토록 특별하게 만드신 걸까? 하나님은 이 푸른 행성과 그 속에 살고 있는 생명들을 향해 어떤 꿈을 꾸고 계시는 걸까? 이런 질문을 품고 묵상할 때면 왠지 모르게 가슴이 벅차오르는 걸 느낄 때가 있습니다. 마치 갓난아기를 품속에 안고 있는 부모의 마음처럼 말입니다.

그렇다면 하나님이 창조 세계를 향해, 그리고 우리가 살고 있는 이 땅을 향해 어떤 꿈을 꾸고 계신지 어떻게 알 수 있을까요? 나는 그 대답을 예수님의 이야기에서 찾을 수 있다고 생각합니다.

·

환상에 사로잡히다

예수님의 공적 생애는 요단강에서 요한으로부터 세례를 받으면서 시작됩니다. 예수님은 세례를 받고 광야에 들어가 그곳에서 사십 일간 금식합니다. 사탄의 유혹을 뿌리친 예수님은 죽음의 그늘에 있는 갈릴리로 돌아와 하나님 나라의 복음을 전합니다. 예수님이 사역을 시작하면서 처음 선포한 이 하나님 나라의 복음 마 4:17, 막 1:14-15 은 예수님의 사역의 궁극적인 목적입니다. 여기에서 우리가 기억할 것은 비록 '하나님의 나라'라는 문구가 구약성경 안에서는 발견되지 않지만, 하나님 나라의 복음은 구약성경 전체를 관통하는 핵심 주제라는 사실입니다. 하나님 나라 개념은 왕이신 하나님, 다스리시는 하나님, 심판하시는 하나님 등의 구약성경의 하나님 이해와 맞닿아 있을 뿐 아니라, 하나님 나라가 가까이 왔다는 예수님의 선포는 마지막 날 하나님이 이 땅에 오셔서 열방을 심판하실 것이라는 구약성경의 선포와 연속선상에 있습니다.

예수님이 구약성경의 맥락에서 하나님 나라의 복음을 선포했다는 사실은 누가복음 4장에 기록된 나사렛 설교에서 분명하게 드러납니다. 예수님은 갈릴리에서 사역을 시작한 지 얼마 지나지 않아 고향 마을 나사렛을 방문합니다. 그리고 그곳 회당에서 이사야서의 말씀을 낭독한 다음, 그 말씀이 지금 그 자리에서 성취되었다고 선포합니다. 예수님의 나사렛 회당 설교는 누가복음 판 하나님 나라 복음 설교라고 할 수 있습니다.

> 예수께서 그 자라나신 곳 나사렛에 이르사 안식일에 늘 하시던 대로 회당에 들어가사 성경을 읽으려고 서시매, 선지자 이사야의 글을 드리거늘 책을 펴서 이렇게 기록된 데를 찾으시니, 곧 주의 성령이 내게 임하셨으니, 이는 가난한 자에게 복음을 전하게 하시려고, 내게 기름을 부으시고, 나를 보내사 포로 된 자에게 자유를, 눈먼 자에게 다시 보게 함을 전파하며, 눌린 자를 자유롭게 하고, 주의 은혜의 해를 전파하게 하려 하심이라 하였더라. 책을 덮어 그 맡은 자에게 주시고 앉으시니 회당에 있는 자들이 다 주목하여 보더라. 이에 예수께서 그들에게 말씀하시되 이 글이 오늘 너희 귀에 응하였느니라 하시니. 눅 4:16-21

사실 예수님이 나사렛 회당에서 낭독한 이사야 61장 1-3절은 기원전 500년경 이스라엘 백성이 바벨론 포로 생활을 마치고 예루살렘으로 다시 돌아온 뒤에도 여전히 곤고한 형편을 벗어나지 못하고 있는 상황 속에서 선포된 하나님 나라의 복음이었습니다. 나사렛 설교에서 예수님은 500년 전 조상들에게 주어졌던 이 하나님 나라의 복음이 예수님 당시 암울한 시대 속 죽음의 그늘진 땅에서 신음하고 있는 백성에게도 여전히 유효할 뿐 아니라, 지금이야말로 그 복음에서 약속된 구원의 일들이 성취될 때라고 선포하고 있습니다.

예수님은 이사야서 본문을 읽은 다음 "이 글이 오늘 너희 귀에 응하였느니라"고 말하면서 이사야서의 말씀이 성취되었다고 선언합니다. "응하였느니라"라는 동사의 과거 시제는 얼핏 보기에 예수님이 그 자리에 서 있는 것만으로도 이사야서의 말씀이 모두 자동적으로, 기계적으로 성취되었다는 것을 내포하는 듯 보입니다. 하지만, 이것은 예수님의 나사렛 설교에 대한 바른 해석이 아닙니다. 나사렛 설교에서 예수님은 이사야 61장의 말씀이 예수님의 설교를 통해 단번에 완전하게 성취되었다는 것을 선언하고 있는 것이 아니라, 얼마 전부터 시작된 예수님의 하나님 나라 복음 선포와 실천을 통해 이사야의 환상이 현실로 나타나고 있음을 선언하고 있는 것입니다. 예수님이 이 설교 이후에도 자신의 남은 삶 전체를 통해서 이사야 61장의 말씀을 구체적으로 실천에 옮겼다는 사실이 그 근거입니다. 가난한 사람들,

포로 된 사람들, 눈먼 사람들, 눌린 사람들에게 하나님의 위로와 용서, 회복과 구원의 복음을 전할 뿐 아니라, 이적과 표적을 통해 그들을 실제로 가난, 질병, 억압에서 구원하는 일을 계속하였습니다. 이 점에서 예수님의 나사렛 설교는 그분의 사역 전체의 방향을 지시하는 예수님 자신의 사명 선언문이라고 말할 수 있습니다.

이것은 마지막 때 주의 영의 강림과 함께 일어나게 될 하나님의 새로운 일들, 치유와 회복과 구원의 역사들에 대한 구약성경의 환상이 가난, 질병, 착취, 폭력으로 인해 고통당하는 백성을 바라보며 애통하고 탄식하던 예수님의 마음을 사로잡았다는 것을 의미합니다. 이 예언 속에서 예수님은 당대의 암울한 현실에도 불구하고, 아니 죽음의 그늘에서 신음하는 백성 한가운데에서, 그 현실을 초월하는 동시에 그 현실을 관통하여 죽음의 땅을 생명의 땅으로 변화시키는 하나님의 새 일들에 대한 환상을 보았습니다. 이제 예수님에게는 당시 암울한 현실 상황보다 이 환상 속에 그려진 하나님의 새로운 구원의 일들이 더욱 현실적이고 확실하게 다가왔습니다. 예수님은 이 환상을 마음속에 품었기 때문에 암울한 현실 앞에서 절망하거나 타협하지 않고, 환상

을 좇아 현실에 저항하고 현실을 변혁시키는 일에 투신할
수 있었습니다.

•

예수님의 꿈, 하나님 나라

예수님이 그리스도라는 고백, 나사렛 예수께서 하나님의 기
름부음을 받은 자라는 고백은 예수님을 통해서 우리가 하나
님을 알고 그분의 뜻을 헤아리고 그분과 교제할 수 있음을
의미합니다. 그리스도인은 단순히 과거의 특별했던 한 인간
을 믿는 사람이 아닙니다. 그리스도인은 무엇보다도 하나님
을 믿는 사람입니다. 그런데 그리스도인이 믿는 하나님은 유
대인이나 무슬림, 혹은 일부 철학자들이 믿는 하나님과 다릅
니다. 왜냐하면 그리스도인은 나사렛 예수님을 통해서 자신
을 계시하신 하나님을 믿기 때문입니다. 다시 말해, 그리스
도인은 나사렛 예수님을 통해서 하나님이 누구신지, 하나님
이 세상을 향해 어떤 뜻을 가지고 계신지를 알고 고백합니
다. 다시 하나님의 꿈에 대한 질문으로 돌아갑시다. 우리는
나사렛 예수님을 통해서 하나님의 꿈을 알게 됩니다. 예수님

은 우리에게 세상을 향한 하나님의 꿈이 무엇인지 알려 주었습니다. 바로 하나님 나라의 복음 선포를 통해서 말입니다.

> 이르시되 때가 찼고 하나님의 나라가 가까이 왔으니 회개하고 복음을 믿으라 하시더라. 　　　　　　　　막 1:15

이 복음 선포 안에 세상을 향한 하나님의 궁극적인 꿈이 계시되어 있습니다. 그것은 다름 아닌 하나님이 공평과 정의로 다스리는 세상, 그래서 불의와 죄악, 죽음과 고통이 모두 사라지고 온 땅에 생명과 평화가 가득한 세상을 향한 꿈입니다. 예수님은 하나님께서 꿈꾸시는 하나님 나라를 다양한 방식으로 증언하셨습니다. 복음 선포를 통해서, 비유의 가르침을 통해서, 치유와 축귀의 이적들을 통해서 하나님 나라의 꿈을 구체적으로 증언하셨습니다. 그중에서도 자신의 나라를 향한 하나님의 꿈이 가장 완전하게 계시된 곳은 예수님께서 가르치신 기도문입니다. 주기도문이야말로 세상을 향한 하나님의 간절한 꿈을 가장 압축적으로 표현하고 있습니다. 주기도문은 예수님이 직접 하나님께 올려 드린 기도문이고, 또한 예수님이 제자들에게 가르쳐 지키게

한 기도문입니다. 통상적으로 기도문에는 기도하는 사람의 꿈과 소망이 담겨 있습니다. 이처럼 주기도문에는 예수님의 꿈과 소망이 담겨 있습니다. 다른 한편으로 하나님께서 예수님을 통해 자신을 계시하셨다는 사실을 고려하면, 예수님의 꿈은 다름 아닌 하나님의 꿈이고, 따라서 주기도문에는 하나님의 꿈과 소망이 담겨 있다고 말할 수 있습니다.

주기도문의 내용은 이중 구조를 가지고 있습니다. 하나님을 위한 기도와 우리를 위한 기도, 두 기도는 간혹 별개의 기도 내용으로 여겨지기도 하지만, 실은 한 가지 기도 내용의 두 가지 측면을 표현하고 있습니다. 이는 한 가지 꿈, 한 가지 소망을 두고 기도하고 있는 것입니다. 그것은 하나님의 뜻이 온전하게 실현된 땅을 향한 소망, 곧 하나님 나라의 도래를 향한 소망으로 요약할 수 있습니다. 요컨대, 하나님의 뜻대로 그분의 나라가 이 땅에 완전하게 실현된다면, 우리는 더 이상 일용한 양식의 문제로 염려하지 않게 될 것이고, 그 문제로 인해 다투거나 싸우지 않고 서로 용서하고 화해하게 될 것입니다. 그리고 더 이상 악의 세력이 우리를 흔들지 못하게 될 것입니다. 그래서 예수님은 말씀합니다.

그런즉 너희는 먼저 그의 나라와 그의 의를 구하라. 그리하
면 이 모든 것을 너희에게 더하시리라.   마 6:33

우리는 예수님을 통해 하나님의 꿈이 무엇인지 알 수 있습
니다. 그것은 하나님의 뜻이 이 땅에서 완전하게 이루어지
는 하나님 나라의 도래입니다. 더 중요한 점은 예수님이 하
나님의 그 원대하고 아름다운 꿈에 자신의 꿈을 연동시켰다
는 사실입니다. 예수님은 자신의 개인적인 꿈을 추구한 것
이 아니라, 하나님의 꿈을 자신의 꿈으로 삼고, 지금도 여전
히 일하고 계신 하나님의 동역자가 되었습니다.

  그뿐 아니라 예수님은 하나님의 꿈과 연동시킨 자신의
꿈이 담긴 기도문을 제자들에게 가르치면서 그들과 함께 하
나님의 통치가 온전하게 실현된 새로운 세상을 향한 꿈을
공유하길 원했습니다. 말하자면, 예수님이 가르친 기도는
현실을 뛰어넘어 초월의 세계로 나가도록 우리를 초청하며,
불의, 차별, 폭력으로 인해 고통과 죽음이 가득한 세상 속에
서 정의, 평화, 생명으로 충만한 새로운 세상을 소망하게 합
니다. 우리는 주기도문을 읊조리면서 예수님의 꿈에 나와
우리의 꿈을 연동시키는 법을 배우고, 예수님과 함께 초월

의 미래를 지금 이 땅의 현실로 앞당겨 가져오는 법을 배우게 됩니다. 예수님의 기도가 우리의 기도가 되고 예수님의 꿈이 우리의 꿈이 될 때, 우리는 참다운 의미에서 초월의 세계가 눈앞에 펼쳐지는 것을 경험하게 될 것입니다.

오늘날 우리는 예수님을 그리스도로 고백하는 사람들로서 그분을 통해 계시된 하나님 나라의 꿈을 진지하게 받아들일 필요가 있습니다. 아울러 예수님을 믿고 따르는 사람들로서 그분을 본받아 하나님 나라를 향한 그분의 꿈을 나와 우리의 꿈으로 삼을 필요가 있습니다. 더 나아가 그 꿈을 이루시기 위해 지금도 일하시는 하나님과 더불어 동역할 일꾼이 되는 것은 그리스도인인 우리의 정체성을 지켜 나가는 데 필요한 가장 중요한 덕목 중 하나입니다.

•

내가 목마르다

예수님은 하나님께서 다스리시는 새로운 미래를 향한 꿈과 그것과는 너무도 거리가 먼 어두운 현실 사이의 괴리와 모순으로 인해 오래전부터 갈증을 느끼고 있었습니다. 시간이

지날수록 그 갈증은 더욱더 깊어졌으며, 이는 마지막 숨을 거두기 직전까지 계속되었습니다. 그분의 갈증은 인간의 죄악으로 인해 깨어진 세상의 안타까운 모습을 보면서 시작되었습니다. 탐욕에 사로잡힌 사람들이 동료 인간과 피조 세계를 착취하는 모습을 보면서, 힘을 가진 사람들이 자신의 권력을 유지하고 확대하기 위해 다른 사람들을 억압하는 모습을 보면서, 서로 다른 생각을 가진 사람들이 자신의 주장을 고집하고 관철시키기 위해 갈등하고 분쟁하며 서로를 해치는 모습을 보면서, 예수님은 새로운 세상에 대한 갈증이 더욱 심해졌습니다.

> 의에 주리고 목마른 자는 복이 있나니…….   마 5:6

예수님은 이 땅을 황폐하게 만들고 백성을 죽음으로 내모는 불의와 죄악으로 인해 애통하고 탄식하였으며, 사망의 그늘에서 신음하고 있는 불쌍한 백성에게서 시선을 거두지 않았습니다. 그리고 예수님은 그들 곁에 머물며, '타는 목마름으로' 하나님의 나라와 그 의를 구하였습니다. 하지만 불의에 대한 심판과 의의 통치의 확립을 외쳤던 예수님은 결국 이 땅의 어둠과 죽음의 세력의 희생자가 되고 말았습니다. 불의한 세상이 의로운 예수님을 십자가에 못 박았을 때, 이제는 더 이상 이 땅 가운데 하나님의 의가 설 자리는 없어 보였습니다. 죽음의 세력이 그 힘을 가장 맹렬하게 펼쳐 보이던 그때, 하나님의 의에 대한 예수님의 갈증은 극심해졌습니다. 그분은 이렇게 말씀했습니다.

……내가 목마르다…….　　　　　　　　　　요 19 : 28

하나님의 의의 통치에 대한 예수님의 타는 목마름은 우리 시대에도 계속되고 있습니다. 오늘날 우리는 가정의 불화와 폭력, 교회의 분쟁과 다툼, 사회 내 다양한 갈등, 동아시아와 지구촌을 괴롭히는 분쟁, 인간의 탐욕으로 인해 파괴되어 가는 생태계 위기의 안타까운 소식을 매일 같이 듣고 있습니다. 아마도 예수님의 갈증과 허기는 이 땅의 어둠이 완전히 물러가고 하나님의 나라가 영광스럽게 완성될 마지막 날이 되어서야 비로소 해소될 것입니다.

　　여러분은 어떻습니까? 예수님처럼 여러분에게도 이 땅의 죄악과 불의에 대한 안타까운 마음, 애통하는 마음이 있습니까? 예수님처럼 깨어진 세상에서 고통하고 신음하는 뭇 생명을 불쌍히 여기는 마음, 긍휼히 여기는 마음이 있습니까? 그분처럼 불의하고 불경건한 세상, 깨어진 이 세상 가운데 이루어질, 이루어져야 할 하나님의 의의 통치에 대한 갈망과 갈증이 있습니까?

●

하나님 아버지, 예수님이 십자가에 달려서 "내가 목마르다"고 하신 말씀을 기억합니다. 불의한 세상, 깨어진 세상에서 하나님의 의의 통치를 갈망하셨던 예수님의 간절한 소망을 기억합니다. 긍휼이 많으신 하나님, 여전히 불화와 폭력, 분쟁과 다툼, 갈등과 전쟁으로 사망의 골짜기를 향해 달음질하는 이 땅의 어리석은 백성을 불쌍히 여겨 주옵소서. 만왕의 왕 되신 하나님, 속히 이 땅에 오셔서 모든 어둠의 세력을 도말하시고, 공평과 정의의 기초 위에서 이 땅을 평화와 생명의 길로 인도해 주옵소서.

하나님 나라를 꿈꾸는 상상력

04
. . . .

하나님이 공평과 정의로 다스리는 세상,
그래서 생명의 기쁨이 넘쳐 나는 세상을 꿈꾸는 일에는
우리의 상상력이 필요합니다.
하나님 나라는 이제껏 역사 속에 존재하지 않았던
전혀 새로운 세상이기 때문입니다.

다른 세상이 가능하다

하나님 나라의 꿈과 관련해서 가장 큰 장애물 중 하나는 미래의 세상이 지금의 세상과 별반 다르지 않을 것이라는 전망입니다. 이 전망은 단순히 비관적이지도, 그렇다고 순전히 낙관적이지도 않습니다. 오늘 우리가 사는 세상의 어떤 측면을 강조하느냐에 따라 이 전망은 낙관적일 수도 있고 비관적일 수도 있습니다. 다만 미래가 현재와 별반 다르지 않을 것이라는 세상 사람들의 상식적이고 합리적이고 과학적인 전망은 지금과는 전혀 다르게 죽음과 슬픔, 죄악이 사라진 새로운 세상, 새로운 미래를 꿈꾸는 그리스도인들에게 큰 도전이 아닐 수 없습니다.

　　지금도 살아 역사하시는 하나님을 믿는 그리스도인들
에게 미래란 언제나 하나님의 새로운 일들에 열려 있는 무
한한 가능성의 보고寶庫입니다. 하지만 많은 경우 우리는 미
래에 열려 있는 무한한 가능성을 보지 못합니다. 그 이유 중
하나는 우리의 빈약한 상상력 때문입니다. 우리의 상상력이
눈에 보이고 손에 잡히는 과거와 현재의 삶에 의해 제한되
어 있기 때문입니다. 그래서 미래 역시 과거나 현재와 별반
다르지 않을 것이라고 생각할 때가 많습니다.

　　……해 아래에는 새 것이 없나니.　　　　　　　전 1:9

이 체념 섞인 고백과 함께 우리는 과거로부터 내려오는 관
성에 저항하기보다 그것에 굴복할 때가 많습니다. 하지만
성경이 증언하는 하나님은 날마다 새 일을 행하시는 분입니
다. 또한 하나님은 우리에게 새로운 삶, 새로운 세상을 약속
하셨습니다. 하나님의 약속을 믿는 그리스도인들에게 미래
는 결코 과거나 현재의 삶의 단순한 반복이 될 수 없습니다.
미래는 과거나 현재의 삶과는 전혀 다른, 그것을 초월하는

새로운 삶의 가능성을 품고 있기 때문입니다.

그래서 그리스도인들은 꿈을 꿉니다. 다른 세상을 꿈꿉니다. 지금 우리가 살고 있는 세상과는 전혀 다른 세상을 꿈꾸며 살아간다는 것이죠. 그리스도인들은 이 꿈이 허황되지 않다고 생각합니다. 왜냐하면 이 꿈은 하나님의 꿈이고, 신실하시고 전능하신 하나님은 그 꿈을 반드시 이루실 것이기 때문입니다. 그래서 그리스도인들은 '다른 대안이 없다'There Is No Alternative는 세상 사람들의 거짓말에 속지 않으며, 오히려 '다른 세상이 가능하다'Another World Is Possible라는 말을 믿습니다. 그리스도인들은 다른 세상을 꿈꾸면서 이 세상에 대한 초월을 경험합니다. 또한 이 세상 속에서 다른 세상을 미리 맛보면서 초월의 내재를 경험하기도 합니다.

벌써 20년이나 지난 과거의 일입니다. 대학 시절 나는 예수님을 영접한 뒤 구원의 확신에서 오는 기쁨을 한동안 맛보았습니다. 하지만 그 후 언제부터인가 나의 삶에 무언가 중요한 것이 빠져 있다는 생각을 하게 되었습니다. 그것은 **꿈**이었습니다. 남아 있는 삶을 위한 꿈이 없다는 사실을 깨닫게 되었습니다. 흔히 말하는 구원의 확신과 함께 내세의 영생을 얻었으니 남은 생애 동안 더 해야 할 일도, 더 하고 싶은 일도 남아 있지 않다고 느꼈기 때문입니다. 그로 인해 예수님을 만나기 이전처럼 삶의 동기와 의욕이 상실되고, 심지어 무기력까지 찾아왔습니다. 내 삶을 이끌어 가는 꿈이 없다는 사실을 깨닫고 나서 나는 직접 꿈을 찾아 나서기 시작했습니다. 그리고 비슷한 고민을 가진 친구들과 함께 '꿈을 찾는 사람들의 모임', 일명 '꿈찾사'라는 이름의 작은 모임을 만들었습니다.

당시 친구들과 나는 세상 속에서 꿈을 좇아 열심히 살아가는 많은 사람의 이야기를 살펴보며 함께 이야기를 나누었습니다. 분단의 고통 너머 개마고원 두레마을을 향한 김진홍 목사님의 꿈, 그즈음 노벨평화상을 수상한 국경없는의사회 소속 의사들의 꿈, 흑인과 백인이 모두 죄악의 굴레에서 해방된 평등하고 평화로운 세상을 원했던 마틴 루터 킹 주니어 목사님의 꿈. 이러한 이야기들과 성경 말씀에 대한 새로운 통찰을 통해서 나는 불의, 차별, 폭력, 질병, 고통, 죽음이 가득한 이 세상의 반대말이 정의와 평화와 생명으로 가득 찬 새로운 세상이라는 사실을 깨닫게 되었습니다.

사실 내가 꿈꾸는 사람이 된 가장 결정적인 이유는 내가 사랑하는 예수님 또한 꿈꾸는 사람이었기 때문입니다.

예수님은 성령 안에서 늘 꿈을 꾸었으며, 그 꿈을 통해 끊임없이 과거와 현재를 초월하는 분이었습니다. 예수님은 많은 사람이 일용할 양식 때문에 염려하고 서로 용서하지 못해 불화하며, 갖가지 시험과 악의 유혹이 끊이지 않는 이 어두운 세상이 조만간 끝나고 하나님의 선한 뜻이 이 땅 가운데 이루어지는 밝은 세상, 즉 새로운 미래를 꿈꾸었습니다. 예수님의 시선은 언제나 새로운 미래를 향해 있었고, 지금과 다른 새로운 관점에서 현재의 불의와 모순을 초월하면서 동시에 그 불의와 모순에 맞서 저항했습니다.

·

「설국열차」밖을 향한 시선

2013년 봉준호 감독의 영화 「설국열차」가 국내에서 개봉되었습니다. 인류 공동체는 과학 기술 문명으로 인해 가속화된 지구 온난화 문제를 해결하기 위해 인류 최상의 지혜를 모은 과학 기술 문명을 다시 한번 의지합니다. 하지만 인류가 내놓은 방책은 오히려 지구 전체를 빙하기로 몰아넣습니다. 결국 자체 엔진으로 지구 전체를 일정한 주기로 순환하는 설국열차에 탑승한 승객 외에는 모든 사람, 모든 생명이 지구상에서 사라지고 맙니다. 영화는 지구상에 유일하게 남은 생명 공동체인 설국열차 안에서 열차 칸 사이의 엄격한 차별로 상징되는 다양한 계급의 사람들 간의 갈등을 주제로 다루고 있습니다. 이 흥미로운 영화에서 나는 다음 네 가지 대사에 주목했습니다.

먼저, 꼬리 칸에 탑승한 사람들의 통제를 책임지고 있는 메이슨은 **"각자에게 정해진 위치가 있다"**라는 말을 말합니다. 열차 안에는 운명과도 같이 고정된 위계질서가 있고, 그 것은 누구도 바꿀 수 없고 바꾸어서도 안 된다는 것입니다. 그 이유는 자칫하면 세밀하게 조정되어 있는 열차 내 생태계가 파괴되어 모두가 공멸할 수 있다는 우려 때문입니다.

비슷한 맥락에서 어린아이들에게 설국열차 이념 교육을 담당하고 있는 유치원 교사는 **"엔진이 멈추면 우리는 모두 얼어 죽는다"**고 강조합니다. 여기에서 열차의 엔진은 신성하고 절대적인 그 무엇으로 이해됩니다. 이 신성한 엔진 이데올로기는 엔진 부속품을 대신해 어린아이들을 희생시키는 관행을 정당화하기까지 합니다. 그렇게 해야만 다른 사람 모두가 살 수 있으며, 그 외에 다른 대안은 없다고 확신

했기 때문입니다.

한편 영화의 주인공 커티스는 꼬리 칸에서 반란과 혁명을 주도하는 사람입니다. **"엔진 칸을 차지하기 전까지는 멈출 수 없다"**고 말하며, 우여곡절 끝에 그는 엔진 칸에 도달합니다. 그리고 결국 신성한 엔진의 통제권을 쟁취합니다. 하지만 설국열차를 설계한 윌포드는 엔진 통제권을 넘겨주면서 의미심장한 말을 남깁니다. 설국열차의 생태계가 유지되기 위해서는 자신이 지금까지 해왔던 것처럼 엄격한 통제와 누군가의 희생이 불가피하다는 것입니다. 이 말에 커티스는 절망합니다. 커티스 역시 다른 대안을 찾을 수 없다는 말에 설득되었기 때문입니다.

마지막으로, 이 영화에서 나의 마음을 가장 사로잡은 것은 또 다른 주인공 남궁민수입니다. 그 이유는 남궁민수의 시선 때문입니다. 전복을 꿈꾼 커티스의 시선이 시종일관 앞쪽 엔진 칸만을 향하고 있었다면, 남궁민수의 시선은 항상 옆쪽 곧 창문 밖을 향하고 있었습니다. **"내가 정말 열고 싶은 문은 열차 밖으로 향하는 바로 저 문이다."** 남궁민수는 일 년에 한 번 지구의 현재 상황을 확인할 수 있는 때를 기다립니다. 그리고 밖을 유심히 내다보며 빙하기가 끝날 때를 기다립니다. 커티스를 비롯한 열차 안의 모든 사람은 열차 밖에서는 생존이 불가능하다고 굳게 믿고 있었지만, 남궁민수는 언젠가 때가 무르익으면 열차 밖에서 새로운 삶을 시작하겠노라 다짐하며 그날을 남몰래 준비하고 있었습니다. 불행하게도 때가 차기 전에 미리 열차를 탈출한 아내와 동료들은 열차 밖에서 멀리 나가지 못하고 얼어 죽었지만, 남궁민수는 반드시 그날이 올 것을 믿었습니다. 결국 열차가 폭발한 다음 살아남은 아이들은 저 멀리 생명체(곰)를 확인합니다. 이 엔딩은 새로운 땅에서 새로운 생명의 역사가 시작된다는 놀라운 상징이 아닐 수 없습니다.

메이슨과 윌포드가 현재 질서를 철저하게 유지하고자 했던 보수주의자였다면, 커티스는 권력 구조의 전복을 꾀한 혁명가였습니다. 하지만 남궁민수는 그들 모두와 달랐습니다. 그는 커티스보다 더 근본적으로 새로운 세상을 꿈꾼 급진주의자였습니다. 개인적으로는 남궁민수의 꿈을 열차 안 모든 사람이 함께 공유했다면, 열차를 폭파시키지 않고서도 모두가 함께 새로운 세상을 열 수 있지 않았을까 하는 아쉬움이 남아 있습니다. 사실 설국열차는 미래의 인류 이야기가 아닙니다. 설국열차는 오늘 우리가 사는 불평등하고 불공정하며, 불의하고 폭력적인 세상을 이야기하고 있습니다. 예수님이 만약 설국열차에 타고 계셨다면, 그분의 시선은 어디로 향하고 있을까요? 만약 여러분이 설국열차에 타고 있다면, 여러분의 시선은 어디로 향하고 있을까요?

•

하나님 나라를 상상하다

예수님의 꿈은 평화와 생명이고 공평과 정의이며 희락과 안식입니다. 한마디로 하나님 나라입니다. 예수님의 꿈이 지금 우리가 살고 있는 땅에서 이루어졌습니까? 예수님의 꿈은 우리가 사는 현실에서 이루어질 수 있는 꿈입니까? 아니, 예수님이 꿈꾸었던 하나님 나라를 우리는 머릿속으로라도 그려볼 수 있을까요? 어떻게 그런 세상이 가능할까요?

하나님이 공평과 정의로 다스리는 세상, 그래서 생명의 기쁨이 넘쳐 나는 세상을 꿈꾸는 일에는 우리의 상상력이 필요합니다. 하나님 나라는 이제껏 역사 속에 존재하지 않았던 전혀 새로운 세상이기 때문입니다. 따라서 지금까지의 세상 역사를 연구하는 것만으로는 하나님 나라를 그릴 수 없습니다. 하나님 나라가 이 땅에서 완성될 때, 이 세상은 죄와 죽음이 지배하는 현실과는 전혀 다른 방식으로 움직일 것입니다. 따라서 하나님 나라를 믿는다는 것은 이 세상 현실을 초월한 다른 세상을 상상한다는 것을 의미합니다. 지금과는 다른 세상을 머릿속에 그릴 수 있는 상상력이 없다면, 하나님 나라에 대한 우리의 믿음은 그저 형식적인 믿음에 그칠 가능성이 많습니다.

오늘날 우리는 그 어느 때보다도 치열한 경쟁 사회를 살고 있습니다. 어린이부터 어르신까지 경쟁에서 자유로운 사람은 거의 없습니다. 우리의 현실만 보면 이 같은 경쟁에서 살아남는 것, 경쟁에서 뒤처지지 않는 것, 잘해서 경쟁에서 앞서 나가는 것만이 유일한 대안인 것 같습니다. 하지만 혹시 경쟁 없는 세상을 상상해 볼 수는 없을까요? 언젠가 외국에서 유학 중인 자녀들이 경쟁의식 없이 자라고 있다는 반가운 소식을 저에게 전해 준 어떤 분이 생각납니다. 지금 우리 모두를 몰아세우고 있는 경쟁 체제 속에서 모든 사람이 「설국열차」의 커티스처럼 앞만 보고 내달리지 않고, 남궁민수처럼 경쟁 체제가 없는 완전히 새로운 세상을 향해 눈을 돌린다면 어떤 일이 벌어질까요? 과연 그런 일이 가능할까요? 그렇다면 어떻게 가능할까요? 여기에서는 지금까지 우리의 경험을 넘어서는 과감한 상상력이 필요합니다. 지금까지 우리 삶을 지탱해 오던 것들을 포기할 수 있는 과감한 결단과 모험이 필요합니다.

개인적으로 나는 예수님의 마음을 사로잡았던 이사야 61장의 환상 외에도 이사야서에 나오는 다른 환상들을 매우 좋아합니다. 이사야 11장에는 이새의 줄기에서 난 메시아가 공의와 정직과 성실로 세상을 다스리게 될 그날의 모습을 그리고 있습니다.

그 때에 이리가 어린 양과 함께 살며 표범이 어린 염소와 함께 누우며 송아지와 어린 사자와 살진 짐승이 함께 있어 어린 아이에게 끌리며 암소와 곰이 함께 먹으며, 그것들의 새끼가 함께 엎드리며 사자가 소처럼 풀을 먹을 것이며 젖 먹는 아이가 독사의 구멍에서 장난하며 젖 뗀 어린 아이가 독사의 굴에 손을 넣을 것이라. 내 거룩한 산 모든 곳에서 해됨도 없고 상함도 없을 것이니 이는 물이 바다를 덮음 같이 여호와를 아는 지식이 세상에 충만할 것임이니라. 사 11:6-9

이 본문을 읽을 때면 어린 딸의 침실이 생각납니다. 뱀의 해에 태어난 그 아이는 줄곧 뱀 인형을 팔에 감고, 악어 베개를 베고 누우며, 여우와 토끼를 사이좋은 친구로 만들고, 호랑이와 양을 동시에 품에 안고 잠에 들었습니다. 지금의 잔혹한 먹이사슬과는 달리 모든 생명이 어우러져 평화롭게 공존하는 어린 딸의 침실은 이사야의 예언이 비현실적인 환상이 아닌, 지금 우리가 사는 세상에서 이루어질 수 있는 하나님의 꿈이라는 사실을 나에게 일깨워 주었습니다. 이사야 35장에는 또 다른 중요한 환상이 소개됩니다. 이 본문은 마침내 하나님이 이 땅에 오셔서 자신의 백성을 구원하게 되는 그날의 환상을 노래하고 있습니다.

광야와 메마른 땅이 기뻐하며 사막이 백합화 같이 피어 즐거워하며……그 때에 맹인의 눈이 밝을 것이며 못 듣는 사람의 귀가 열릴 것이며 그 때에 저는 자는 사슴 같이 뛸 것이며 말 못하는 자의 혀는 노래하리니 이는 광야에서 물이 솟겠고 사막에서 시내가 흐를 것임이라. 뜨거운 사막이 변하여 못이 될 것이며 메마른 땅이 변하여 원천이 될 것이며……여호와의 속량함을 받은 자들이 돌아오되 노래하며 시온에 이르

러 그들의 머리 위에 영영한 희락을 띠고 기쁨과 즐거움을 얻
으리니 슬픔과 탄식이 사라지리로다.　　　　　사 35 : 1, 5-7a, 10

이 본문은 시각 장애인, 청각 장애인, 지체 장애인, 언어 장
애인 등 다양한 형태의 장애로 고통당하는 사람들의 치유와
회복, 하나님의 심판을 받고 이방인의 땅에 포로로 잡혀갔
던 자들이 하나님의 용서를 받고 시온으로 돌아오는 감격의
행진뿐 아니라, 광야와 사막 등 메마른 땅이 시내가 되고 못
이 되며, 물이 흘러넘치는 원천이 되어 그곳에 꽃이 피고 생
명이 거하게 되는 구원의 땅을 묘사하고 있습니다. 이사야
가 노래하고 있는 이 놀라운 광경이 우리 눈앞에 현실로 펼
쳐진다면 얼마나 감격스러울까요? 구약의 예언자 요엘은
마지막 날 하나님께서 자신의 영을 부어 주실 때 모든 사람
이 환상을 보게 될 것이라고 예언하고 있습니다.

그 후에 내가 내 영을 만민에게 부어 주리니 너희 자녀들이
장래 일을 말할 것이며, 너희 늙은이는 꿈을 꾸며 너희 젊은
이는 이상을 볼 것이며.　　　　　　　　　　　　욜 2 : 28

이 예언은 예수님의 부활과 승천 이후 오순절 성령 강림 사건에서 성취되었을 뿐 아니라,^{행 2:14-21} 하나님의 영이 부어지는 곳 어디에서나 지금도 계속해서 성취되고 있습니다. 여러분도 이 예언이 성취되는 자리의 주인공이 되고 싶지 않으십니까?

예수님의 별명

05

예수님은 먹고 마시기를 참 즐겼습니다.
요한복음에 기록된 예수님의 첫 번째 기적은
물을 포도주로 만들어 혼인 잔치의 흥이
깨어지지 않게 하는 것이었습니다.
그분은 허기진 오천 명의 무리를 위해서
성대한 만찬을 베풀기도 했습니다.

・

먹기를 탐하고 포도주를 즐기는 사람

예수님은 모든 사람을 사랑했지만, 반대로 모든 사람이 예수님을 사랑한 것은 아닙니다. 바울은 십자가에 못 박힌 그리스도를 전하는 일이 "유대인에게는 거리끼는 것"이라고 말합니다. 고전 1:23 여기에서 '거리끼는 것'이라고 번역된 헬라어 원어는 영어 'scandal'의 어원이 되는 '스칸탈론'입니다. 모세 율법을 신앙의 표준으로 삼는 경건한 유대인들은 하나님의 메시아가 저주의 나무에 매달린다는 것을 상상할 수 없었습니다. 그런데 예수님이 십자가에 달리기 전에도 이미 경건한 유대인들의 신앙에는 또 다른 걸림돌이 있었습니다.

그것은 바로 **예수님의 식탁**이었습니다. 당시 유대인들의 신앙에 거리끼는 것이 되었던 예수님의 식탁은 예수님에게 별명을 하나 붙여 주었습니다. 이 별명은 경건한 유대인들이 예수님을 비난하기 위해 붙인 것입니다. 하지만 나는 이 별명이 참 좋습니다. '먹기를 탐하고 포도주를 즐기는 사람, 세리와 죄인의 친구.'눅 7:34 고쳐 쓰면, '세리와 죄인의 친구가 되어 그들과 함께 먹고 마시기를 즐기는 사람'입니다.

예수님은 먹고 마시기를 참 즐겼습니다. 요한복음에 기록된 예수님의 첫 번째 기적은 물을 포도주로 만들어 혼인 잔치의 흥이 깨어지지 않게 하는 것이었습니다. 그분은 허기진 오천 명의 무리를 위해서 성대한 만찬을 베풀기도 했습니다. 복음서에 나타난 예수님의 행적뿐 아니라 그분이 하신 비유의 상당 부분이 식탁을 배경으로 하고 있다는 점을 많은 사람이 간과합니다. 하지만 이는 매우 주목할 만한 일입니다. 심지어 십자가에 달려 죽기 전날, 죽음의 그림자가 엄습하고 있던 그 저녁에도 예수님은 금식하지 않았습니다. 오히려 제자들과 함께 특별한 만찬을 베풀고 배를 든든히 채웠습니다. 이제는 배고픔을 전혀 느끼지 않을 것 같은 부활의 영광스러운 몸을 입은 다음에도 예수님은 제자들 곁에서 숯불에 구운 생선 요리를 찾으셨습니다.

·

식탁과 하나님 나라

사실 예수님이 먹고 마시기를 즐거워한 것은 식탐이 많았기 때문이 아닙니다. 실제로 먹고 마시는 일은 하나님 나라의 일과 깊이 연관되어 있습니다. 예수님은 로마 제국의 탐욕적인 식민 정책을 비롯하여 인간의 탐욕과 죄악이 가져온 온갖 고통 속에서 신음하는 갈릴리 백성에게 하나님이 공평과 정의로 다스리는 나라, 그래서 생명과 평화가 가득한 나라가 다가오고 있다는 기쁜 소식을 입술로 선포했습니다. 그뿐 아니라, 한센병 환자, 중풍병 환자, 시각 장애인을 낫게 하고 사마리아 여인과 혈루병 여인을 위로하고 치료했습니다. 더 나아가 귀신을 쫓아내고 죄인들을 권세 있게 용서함으로써, 하나님 아버지의 나라가 진실로 가까이 도래했음을 온몸으로 입증해 보였습니다. 이처럼 역동적으로 펼쳐지던 하나님 나라 운동의 정점에서 예수님은 기쁨의 잔치를 베풀었습니다. 예수님은 이 식탁 공동체에 참여한 다양한 사람들과 먹고 마시기를 즐기며 지금 이 땅에 돌입한 하나님 나라를 미리 맛보고 누렸습니다.

말하자면, 예수님의 식탁은 깨어지고 상한 세상 속에서 하나님 나라의 **의**와 **평강**과 **희락**을 미리 맛볼 수 있는 특별한 공간이었습니다. 예수님은 제자들에게 주기도문을 가르쳐 주었는데, 그분의 식탁은 바로 이 주기도문이 응답되는 자리였습니다. 예수님의 식탁은 날마다 일용할 양식을 걱정해야 하는 가난하고 굶주린 사람들이 배를 든든하게 채울 수 있는 공간이었고, 사회에서 정죄받아 죄책감에 억눌려 살아가는 사람들이 예수님의 입술에서 선포되는 하나님의 죄 용서의 복음을 통해 해방의 기쁨을 누리는 공간이었으며, 식탁에 함께 참여한 사람들 역시 정죄하기를 그치고 서로 용서하고 화해할 뿐 아니라 자신이 가진 것으로 서로의 필요를 돌아보는 사랑이 넘치는 공간이었습니다. 예수님이 함께하는 이 특별한 식탁에서는 시험에 드는 사람이 없었고, 악이 틈탈 수 있는 여지도 없었습니다. 그 식탁은 가난한 자들을 돌아보고 병자들을 치유하며 죄인들을 용서하고 하나님의 은혜가 넘쳐 나는, 하나님의 이름이 영광을 받는 거룩한 공간이었습니다. 오천 명의 허기진 배를 채운 광야의 식탁이 그러했고, 세리장 삭개오의 집에 들어가 세리들과 죄인들과 함께한 식탁이 그러했고, 죽음의 그림자가 드리운 그 밤 제자들과 함께 가졌던 최후의 만찬이 그러했으며, 부활 후에 죄책감에 억눌린 베드로를 만나서 함께 가진 조반이 그러했습니다.

예수님의 식탁이 그분의 하나님 나라 사역에서 이처럼 중요한 의미가 있다는 사실은 오늘 우리의 식탁에 있어서도 큰 함의를 갖습니다. 그것은 하나님 나라의 복음을 받고 전하는 사람들로서 우리의 식탁 역시 하나님 나라를 미리 맛보는 식탁이 될 수 있다는 것입니다. 더 나아가 그 식탁은 우리가 드리는 주기도문이 응답되는 자리가 될 수 있고 또 그렇게 되어야 합니다. 그래서 나는 어느 가정을 방문하든지 매일의 식탁이 하나님 나라를 미리 맛보는 자리가 되기를, 일용할 양식이 채워지고 죄 용서가 경험되고 서로 용서하고 화해하며, 모든 시험을 이겨내고 어떤 악의 권세도 틈타지 않는 거룩한 공간이 되기를 간절히 기도합니다.

•

하나님 나라와 무관한 식탁

이처럼 예수님의 사역에서 식탁은 주기도문이 응답되고 의와 평강과 희락의 하나님 나라를 미리 맛보는 매우 특별한 공간이었습니다. 하지만 모든 식탁이 그렇게 특별하지는 않았습니다. 때로 어떤 식탁은 하나님 나라와 무관하다고, 심지어는 하나님 나라에 반한다고 해서 예수님의 꾸중을 듣기도 했습니다.

한번은 예수님이 어느 바리새인 지도자의 집에 식사 초대를 받았습니다.눅 14:1-24 그날은 때마침 안식일이었습니다. 아마도 회당 예배가 끝난 뒤 예수님 외에도 바리새인 지도자의 가까운 지인들이 함께 초대를 받았고, 참석자들은 당시 관행에 따라 지정된 자리에 앉았던 것으로 보입니다. 이 식탁은 안식일에 함께 예배를 드리고 모인 자리이니만큼 같은 신앙 안에서 서로 위로하고 격려하는 따뜻하고 화기애애한 자리가 될 수도 있었을 것입니다. 하지만 안식일임에도 불구하고 예수님이 수종병 든 한 사람의 병을 고치는 일로 인해 시작부터 그 식탁은 긴장이 가득했습니다. 여기에 더해서 예수님은 식탁에 앉은 사람들과 그들이 앉은 자리를 둘러본 다음, 그 자리에 참석한 사람들을 부끄럽게 만드는 두 가지의 말씀을 했습니다. 먼저, 예수님은 식탁의 상석에 초청받은 율법 교사들과 바리새인들을 향해 잔치에 초대받았을 때 높은 자리에 앉지 말라고 나무라십니다.

> 무릇 자기를 높이는 자는 낮아지고 자기를 낮추는 자는 높아지리라.
>
> 눅 14:11

예수님은 서열 관계를 그대로 보여주는 식탁을 못마땅하게 여겼습니다. 이어서 예수님은 자신을 식탁에 초청한 바리새인 지도자를 향해 앞으로 잔치를 배설할 때에는 벗이나 형제나 친척이나 부한 이웃이 아니라 차라리 가난한 자들과 몸 불편한 자들과 지체 장애인들과 시각 장애인들을 청하라고 충고합니다. 예수님의 이 두 가지 말씀이 예수님을 초청한 바리새인 지도자는 물론이고 그 자리에 함께한 다른 바리새인들과 율법 교사들을 얼마나 무안하게 만들었을지는 짐작하기 어렵지 않습니다.

그때 바리새인 지도자의 집에서 식사하던 사람 중 하나

가 "하나님 나라에서 떡을 먹는 자는 복되도다"라고 말합니다. 그러자 예수님은 하나님 나라의 잔치 비유를 언급합니다. 그 비유는 어떤 사람이 잔치를 베풀었는데 결과적으로 미리 초청했던 사람들 중 아무도 그 잔치에 오지 않았다는 내용을 담고 있습니다. 이 비유 속 잔치가 바리새인 지도자가 준비한 식탁을 가리키지 않음은 분명합니다. 오히려 이 비유는 이렇게 해석할 수 있습니다. 예수님은 하나님 나라의 복음을 선포하고 하나님 나라를 미리 맛볼 수 있는 잔치를 베풀었습니다. 하지만 하나님의 약속을 미리 받았던 사람들, 곧 율법 교사들과 바리새인들은 이런저런 핑계를 대고 그 잔치에 참여하지 않았습니다. 이렇게 해석하면 예수님의 이 비유는 누가복음의 다음 장에 나오는 또 다른 식탁을 미리 내다보게 합니다. 누가복음 15장은 예수님이 세리들 및 죄인들과 함께하는 식탁 교제를 배경으로 하고 있는데, 예수님은 이 식탁이 하나님 나라의 식탁이라고 변호합니다. 하지만 바리새인들과 율법 교사들은 예수님의 식탁에 함께 참여하기는커녕 세리들 및 죄인들과 함께 어울리는 예수님을 정죄했습니다.

●

세리와 죄인의 친구

나는 화가 마파Jesus Mafa의 그림을 참 좋아합니다. 그중에 예수님의 식탁을 그린 두 그림을 특별히 좋아하는데, 하나는 가나의 혼인 잔치를, 다른 하나는 가난한 사람들을 초대한 잔치를 묘사한 그림입니다. 두 그림에는 나와 비슷하게 얼굴색이 짙은 사람들이 많이 등장합니다. 그래서 더욱 친근감이 느껴집니다. 특별히 두 번째 그림은 하나님 나라의 잔치에 참여하는 사람들의 면면을 예수님의 근본정신에 충실하게 재현한 것 같아서 즐겨 찾아봅니다. 그림에는 어린아이들과 여인들이 많이 등장하고, 입구에서는 잔치를 연 주인으로 보이는 할아버지 한 분이 헐벗은 사람을 반갑게 맞이하고 있습니다. 나는 이 그림을 볼 때마다, 나 또한 이 그림 속에 등장하는 한 사람이 되었으면 좋겠다는 생각을 하곤 합니다.

예수님의 하나님 나라 잔치 비유와 마파의 그림에서 볼 수 있듯이, 마지막 날의 하나님 나라를 미리 앞당겨 맛보는 특별한 공간으로서 예수님의 식탁이 가진 중요한 특징 중 하나는 당시의 많은 부류의 사람 중에서도 특히 세리들과 죄인들이 그 식탁에 함께 참여하였다는 것입니다. 예수님 당시의 경건한 유대인들이 예수님에게 분노한 이유는 그분이 단순히 먹고 마시기를 좋아해서가 아니라, 하나님의 법에 비추어 부정하게 여기고 정죄하고 신앙 공동체에서 배제했던 사람들, 곧 세리들과 죄인들을 용납하고 그들과 함께 어울렸기 때문입니다. 예수님이 부정한 세리들과 함께 식탁 교제를 나누었다는 사실은 모세의 율법을 따라 거룩한 삶, 정결한 삶을 추구하는 경건한 바리새인들 사이에서 신앙의 큰 시험 거리가 되었습니다.

당시 세리들의 사회적, 종교적 위상을 잠시 들여다보면, 세리들을 가까이하시고 그들의 밥상 친구가 되신 예수님의 행동이 경건한 신앙인들에게 얼마나 도발적이었는지를 이해할 수 있습니다. 당시는 로마 황제가 지중해 일대를 무력으로 식민 통치하던 로마 제국 시대였습니다. 말하자면 일본 제국주의 치하의 우리나라 상황과 비슷한 시대였다고 볼 수 있습니다. 세리는 로마 당국으로부터 관세 징수권을 대여받아 식민지 백성으로부터 거둬들인 세금으로 부를 축적하는 사람들이었는데, 식민 통치를 부당하다고 생각하고 독립을 열망하는 민족주의자들에게 세리는 동족을 저버린 배신자였고, 세금을 징수당하는 일반 백성에게는 동족을 착취해서 이윤을 챙기는 나쁜 놈들이었습니다. 이 때문에 세리는 일반 백성으로부터 혐오와 증오의 대상이었습니다. 또한 그들은 관세 일로 로마 당국자들 곧 이교도들, 우상숭배자들과 자주 접촉하였기 때문에 당시 경건한 사람들로부터 부정한 죄인으로 낙인이 찍혔고, 경건한 유대인들의 식탁 공동체 곧 야훼 신앙공동체에서 배제된 사람들이었습니다.

그런데 당시 유대 신앙공동체 안에서 떠오르고 있던 샛별이자 백성으로부터 광범위한 존경을 받기 시작한 나사렛 출신 랍비가 대부분의 백성과 특히 경건한 신앙인들이 그토록 혐오하고 멀리하던 세리를 가까이하고 그들과 친구가 되었습니다. 예수님은 세리와 함께 먹고 마시기를 즐겼습니다. 그분을 존경하고 따르던 일반 백성과 경건한 신앙인들에게 이 일은 큰 충격으로 다가갔음에 틀림없습니다.

·

열린 식탁

모든 세리와 죄인들이 말씀을 들으러 가까이 나아오니 바리
새인과 서기관들이 수군거려 이르되 이 사람이 죄인을 영접
하고 음식을 같이 먹는다 하더라.　　　　　　눅 15:1-2

앞서 예수님은 바리새인 지도자가 마련한 식탁을 못마땅하
게 여기고 꾸중했습니다. 그런데 이번에는 경건한 유대인들
이 세리와 죄인과 함께하는 예수님의 식탁을 불쾌하게 여기
고 예수님을 비난합니다. 예수님은 경건한 유대인들의 정죄
에 맞서 유명한 세 비유를 듭니다. '잃은 양의 비유', '잃은 동
전의 비유', '잃은 아들의 비유'가 바로 그것입니다. 이 비유
들을 통해 예수님은 자신의 식탁을 변호합니다. 세 비유 중
에서 마지막 비유, 잃은 아들 곧 탕자의 비유가 가장 흥미롭
습니다.

　아버지는 나눠 준 재산을 방탕하게 허비하고 방황하다
돌아온 아들을 아무 조건 없이 끌어안고 입 맞추며 그 아들
의 귀환을 축하하고 기뻐하는 풍성한 잔치를 베풉니다. 그

리고 그 아들과 함께, 또 다른 모든 식구 및 하인들과 함께 먹고 마시며 즐거워했습니다. 하나님 나라의 잔치가 이곳에서 탕자를 위해, 탕자를 주인공 삼아 베풀어 진 것입니다. 이 식탁은 탕자의 회개, 그리고 아버지와 가족 구성원의 용서와 화해로 새롭게 회복된 의와 평화를 축하하는 식탁이었습니다. 더불어 풍성한 음식과 함께 탕자에게는 일용할 양식이 공급되고 식탁에 참여한 모든 사람에게는 기쁨이 넘쳤습니다. 하지만 당연히 이 잔치를 누릴 수 있고, 누려야 할 큰형은 탕자를 주인공으로 하는 이 잔치의 대의와 목적에 공감하지 못하고 이 식탁의 정당성을 근본적으로 부정합니다. 아버지가 탕자를 위해 베푼 식탁은 누구에게나 열려 있는 식탁이었는데, 동생을 용서하지도 용납하지도 못하는 형, 아버지의 마음을 헤아리지 못하는 형은 그 식탁에서 스스로를 배제시킵니다.

예수님은 돌아온 탕자와 같은 세리들, 죄인들과 함께 아버지 하나님께서 준비하신 하나님 나라의 잔치를 즐기면서 그 잔치를 모두에게 열어 두었습니다. 특별히 경건한 유대인들도 함께 초청했습니다. 하지만 서기관과 바리새인들은 탕자의 형처럼 세리와 함께하는 예수님의 식탁을 율법에 비추어 부정하다고 판단하고 그 식탁에 동참하기를 거부했습니다. 말하자면, 이 식탁을 준비한 예수님과 하나님 아버지를 인정하지 못하고 하나님 나라의 복을 스스로 뿌리친 것입니다. 하지만 예수님은 그들이 율법에 비추어 부정하다고 정죄한 세리들의 식탁을 하나님 나라를 미리 맛보는 의와 평화와 기쁨의 식탁으로 변화시켰습니다. 이것은 경건한 유대인들에게는 참을 수 없을 만큼 모욕적인 행동이었음에 틀림이 없습니다. 율법에 기초한 그들의 사회 질서 및 그 토대가 되는 신앙 체계를 근본부터 뒤흔드는 행동이었기 때문입니다.

·

긍휼, 식탁 스캔들의 비밀

경건한 유대인들이 율법의 문자에 매여 율법을 주신 하나님의 근본 의도와 온 생명을 향한 하나님 아버지의 긍휼하신 마음을 헤아리지 못하고 죄인들과 세리들의 식탁을 정죄했다면, 예수님은 하나님 아버지의 깊은 마음을 헤아렸던 예언자 호세아의 글을 인용하며 그들과 함께하는 식탁을 변호하고 정당화했습니다.

호세아서에서 하나님의 심판을 경험한 백성은 자신들이 여호와께 돌아가면, 그분께서 자신들을 고쳐 주실 것이라고 믿었습니다. 하지만 호세아는 그러한 믿음이 안일하다고 지적합니다. 호세아는 하나님께서 제사나 번제보다 인애와 긍휼의 실천을 더 원하고 계신다고 말하고, 이것이 참된 회개라며 백성을 꾸짖습니다.호 6:6 예수님은 호세아서의 말씀을 인용하면서 하나님 아버지가 우리에게 원하시는 참된 제사, 참된 경건, 참된 거룩함은 재를 뒤집어쓰는 금식 기도와 같은 형식적인 예배가 아니라 병든 자들, 죄인들을 향한 긍휼의 마음과 실천에 있음을 강조합니다. 세리 마태의 집에서 식사할 때 예수님은 이렇게 말씀했습니다.

예수께서 들으시고 이르시되 건강한 자에게는 의사가 쓸 데 없고 병든 자에게라야 쓸 데 있느니라. 너희는 가서 내가 긍휼을 원하고 제사를 원하지 아니하노라 하신 뜻이 무엇인지 배우라. 나는 의인을 부르러 온 것이 아니요 죄인을 부르러 왔노라 하시니라. 마 9:12-13

긍휼이란 고난 중에 있는 이웃과 연대하고 함께 고통을 느끼는 것을 말합니다. 이 땅을 사는 동안 예수님은 고통으로 가득한 이 곳에서 가난과 질병, 억압과 착취, 전쟁과 폭력 등 죄와 사망의 권세 아래 신음하고 있는 모든 생명의 안타까운 현실로 인해 언제나 큰 고통을 느끼고 있었습니다. 동일한 맥락에서 예수님은 당시 종교 지도자들에게 정죄받고 일반 백성으로부터 외면당하던 세리들을 향해서도 긍휼의 마음을 가지셨습니다. 당시 종교지도자들은 세리들이 처한 구체적인 상황과 형편을 헤아리지 못하고 고상한 율법을 잣대로 들이대며 그들을 정죄하고 신앙공동체로부터 그들을 배제함으로써, 그들에게 이중 삼중의 정신적 고통을 가했습니다. 하지만 예수님은 그들의 곤고한 처지를 긍휼한 마음으로 이해하고 포용했습니다. 예수님의 긍휼, 그 속에 계시된 하나님 아버지의 긍휼, 이것이 바로 세리들과 함께했던 예수님의 식탁 스캔들의 비밀이었습니다.

사실 예수님이 세리들, 죄인들과 함께 먹고 마시기를 즐기셨다는 사실은 예수님 당시 경건한 유대인들뿐 아니라 21세기를 사는 오늘 우리 그리스도인들에게도 여전히 당혹스럽고 도발적인 행동이며, 여전히 많은 그리스도인의 신앙에 거치는 돌, 걸려 넘어지게 하는 돌이 될 수 있습니다. 왜냐하면 오늘날에도 우리 주변에는 수많은 '세리'가 존재하기 때문입니다. 우리가 살고 있는 악한 세상으로부터 혐오와 기피의 대상이 되었을 뿐 아니라 심지어 교회 공동체로부터도 차별받고 배척받아 안식처를 발견하지 못하고 있는 많은 사람이 있습니다. 어찌 된 일인지 어느 순간부터 교회가 세상보다 훨씬 더 배타적인 공동체가 되어 버렸습니다. 세상에서 차별당하고 소외당하고 외면당하는 가난한 사람들, 병약한 사람들, 소수 의견을 가진 사람들, 맹목적 순종을 거부하는 사람들, 평범하지 않은 사람들, 그래서 억울하게 고통당하고 있는 사람들의 목소리가 우리 교회 안에서도 잘 들려지지 않고 오히려 억압되고 있다는 현실은 너무도 안타까운 사실이 아닐 수 없습니다. 예수님 당시 경건한 유대인들처럼 오늘날 소위 경건을 자처하는 그리스도인들 역시 무심결에, 혹은 습관적으로 성경 말씀을 주신 하나님 아버지의 근본 의도와 온 땅을 향한 긍휼의 마음을 헤아리지 못할 때가 많습니다. 우리 또한 성경 문자에 매여 그렇지 않아도 치열한 생존 경쟁과 불의와 폭력의 세상에서 고통받고 있는 우리 이웃을 정죄하고 차별하고 배척하며 그들에게 정신적 고통을 더하고 있는 것은 아닌지 스스로 돌아보아야 할 것입니다.

나는 세리와 함께하는 예수님의 식탁이 오늘날 우리 그리스도인들의 신앙에 걸림돌이 되지 않기를 간절히 바랍니다. 오히려 그 식탁이 우리 모두의 소망이 되었으면 좋겠습니다. 만약 세리들과 함께 가진 예수님의 식탁을 기독교 신앙의 스캔들이 아니라 신앙의 표준으로 받아들인다면, 하나님 나라를 미리 맛보는 우리의 식탁에 함께 참여할 수 없는 사람은 원칙적으로 없어야 할 것입니다. 특별히 이 험한 세상에서 힘들게 살아가고 있는 작은 자들, 소외된 자들이 우리의 식탁의 주인공이 되어야 할 것입니다. 예수님은 이미 그들을 위해 식탁을 준비하고 있습니다. 우리는 이 땅의 작은 자들이 예수님이 마련한 그 식탁에서 공평과 정의, 생명과 평화의 하나님 나라를 미리 맛볼 수 있도록 힘써야 할 것입니다. 이것이 바로 우리가 예수 그리스도를 따르는 제자로 부름받은 목적이 아닐까요? 예수님은 말씀했습니다.

긍휼히 여기는 자는 복이 있나니 그들이 긍휼히 여김을 받을 것임이요. 마5:7

103

이 시대를 사는 그리스도인들에게 가장 필요한 신앙의 덕목은 악한 세상에서 버림받고 소외된 사람들, 세상과 마찬가지로 우리 역시 낯설게 느껴지고 막연히 꺼려했던 사람들, 그런 사람들을 향한 긍휼의 마음을 갖는 것이 아닐까요?

●

긍휼이 풍성하신 하나님 아버지, 부족하고 못난 우리의 모습을 있는 그대로 품어 안으시는 하나님의 사랑과 자비를 찬양합니다. 아버지께서 우리를 있는 모습 그대로 품고 사랑하시듯, 우리 또한 우리의 가족과 이웃을 있는 모습 그대로 품고 사랑하길 원합니다. 아버지의 긍휼하심을 본받아 우리 또한 주변의 작은 자들에게 긍휼을 베푸는 사람이 되기를 원합니다. 우리의 연약함을 아시는 주님, 능력의 성령님을 통해 우리를 도와주소서. 예수님의 이름으로 기도드립니다. 아멘.

가난한 자는 복이 있나니

06
. . . .

그때에는 하나님이
가난한 자들의 억울함을 풀어 줄 것이고,
슬픔의 눈물을 닦아 줄 것이고,
그들의 잘못을 용서할 것이며,
그들이 기쁨으로 참여할 수 있는 만찬을 베풀어 줄 것입니다.

|

·

깨끗한 가난과 비참한 가난

나는 가난이 싫습니다. 어려서 가난이 무엇인지 모를 때에
는 가난이 싫지 않았습니다. 불과 얼마 전까지도 나는 가난
이 조금 불편하긴 하지만 고통스럽지는 않다고 생각했습니
다. 가난해도 예수님만 잘 믿고 따르면 괜찮은 것 아니냐고,
아니 가난하기 때문에 하나님을 찾고 의지하게 되면 더 좋
은 것 아니냐고 생각했습니다. 하지만 사람들이 가난하게
되는 이유, 가난한 사람들이 가난을 쉽게 벗어나지 못하는
이유, 가난으로 인해 사람들이 겪고 있는 억울하고 안타까
운 일들을 알게 되면서, 나는 가난이 싫어졌습니다. 가난으

로 인한 비참한 현실을 깨닫게 된 이후로 나는 나와 우리 가족이, 그리고 이 땅의 모든 사람이 가난에서 벗어나게 해 달라고 기도하기 시작했습니다. 굳이 모든 사람이 큰 부자가 될 필요는 없지만, 모든 사람이 가난과 빈곤과 궁핍에서 벗어나는 일은 꼭 필요하다는 생각을 하게 되었습니다.

기독교 전통 안에는 오래전부터 자발적 가난을 선택한 사람들이 많이 있었습니다. '깨끗한 가난, 정직한 가난'이란 뜻을 가진 청빈淸貧의 가치를 추구하는 사람들은 단순히 게으르거나 낭비가 심해서 가난에 처한 사람들과는 전혀 다릅니다. 청빈의 궁극적인 목적은 단순히 가난해지는 데 있지 않고 재물에 대한 욕심이나 소유욕으로부터 자유롭게 되는 데 있습니다. 우리의 현실을 돌아보면 재물에 대한 욕심 때문에 다른 사람을 속이기도 하고 짓밟기도 하고 착취하기도 하면서 불의한 일을 서슴없이 행하는 사람들이 적지 않습니다. 청빈을 추구하는 사람들은 차라리 가난하게 지낼지언정 욕심에 굴복하여 죄를 짓거나 불의를 행하지 않겠다고 결단한 사람들입니다. 그들은 재물보다 더 고상한 가치가 있다고 믿고 그 가치를 추구하는 사람들입니다. 청빈은 예수님의 중요한 가르침의 내용이기도 합니다. 산상수훈에서 예수

님은 사람이 하나님과 재물(맘몬)을 겸하여 섬길 수 없다고
단호하게 말씀합니다.

> 한 사람이 두 주인을 섬기지 못할 것이니 혹 이를 미워하고
> 저를 사랑하거나 혹 이를 중히 여기고 저를 경히 여김이라.
> 너희가 하나님과 재물을 겸하여 섬기지 못하느니라. 마 6:24

따라서 하나님과 재물 중 하나님을 택하여 주인으로 섬기는
그리스도인들은 모두 청빈의 가치를 추구한다고 볼 수 있습
니다. 그리스도인들은 재물을 좇아 사는 사람이 아닙니다.
그렇다고 하나님과 재물을 동시에 좇아 사는 사람도 아닙니
다. 그리스도인들은 재물이 아니라 하나님을 좇아 살기 때
문입니다. "돈보다 하나님입니다!" 하나님이 가장 소중하게
생각하는 가치가 생명이기에 우리는 이렇게 말할 수도 있습
니다. "돈보다 생명입니다!" 우리 그리스도인에게는 당연히
돈보다 하나님이 더 소중하고, 돈보다 생명이 더욱 소중합
니다. 그러므로 여러 가지 그럴듯한 이유를 들며 우리 마음
을 조금씩 파고드는 재물의 유혹은 성숙한 사람, 성숙한 그
리스도인이 되기 위해 반드시 극복해야 할 큰 장애물입니

다. 오늘날 한국 교회의 모든 그리스도인이 이처럼 탐심과 소유욕과 재물의 유혹을 극복한 성숙한 사람이 된다면, 그래서 돈이나 재물보다 하나님 나라와 그 의를 가장 우선순위에 놓고 구하며 기도한다면, 한국 교회와 한국 사회는 분명 지금과는 전혀 다른 모습이 되어 있을 것입니다.

이처럼 청빈은 재물보다 하나님과 생명을 더 소중하게 여기는 그리스도인의 영성에 있어 핵심적인 가치입니다. 하지만 우리는 깨끗한 가난, 정직한 가난으로서 '청빈'과 사람들을 죽음으로 몰아넣는 '비참한 가난'을 구분하여 이해할 필요가 있습니다. 사실 청빈은 결코 가난 자체를 정당화하거나 미화하지 않습니다. 청빈한 사람이 존경을 받는 이유는 단순히 가난하기 때문이 아니라, 재물보다 더 고상한 가치를 추구하면서 인간의 가장 큰 유혹인 탐심과 소유욕을 극복했기 때문입니다. 청빈의 핵심 가치는 가난 자체가 아닌 깨끗함, 정직함, 청렴함에 있습니다. 반면 가난은 그 자체로 우리가 추구해야 할 어떤 고상한 가치가 아닌 우리 모두가 반드시 극복해야 할 부정적인 현실입니다. 왜냐하면 가난은 많은 사람을 죽음으로 몰아넣는 어둠의 세력과 깊이 연관되어 있기 때문입니다.

●

빈부 차이

나는 미국 유학 중 캘리포니아의 아름다운 도시 버클리에서 살았습니다. 과거 한국으로 파송된 미국 선교사들의 안식년 숙소로 사용되는 곳에서, 대부분 한국에서 온 다른 유학생 가족들과 함께 조그만 공동체를 이루어 지냈습니다. 가까운 곳에 좋은 학교도 있고, 강아지들과 함께 뛰어놀 수 있는 공원도 있었으며, 동료들과 함께 운동할 수 있는 테니스장도 있었습니다. 그 지역은 무엇보다 기후가 참 좋았습니다. 오전 연구를 위해 도서관이나 카페에 가기 전 아내와 함께 아침 식사를 할 때면 창문 밖으로 보이는 구름 한 점 없는 푸른 하늘이 자꾸 우리를 태평양 바다가 보이는 금문교로 부르는 것 같았습니다. 또 주변에는 아기자기하게 꾸며 놓은 예쁜 집들이 많이 있어 이웃집을 구경하는 재미도 쏠쏠했습니다.

그런데 한번은 잠을 자는데 어디선가 총소리가 들려 깜짝 놀라 자리에서 일어난 적이 있습니다. 이튿날 이웃 도시에서 총기 사건이 있었다는 뉴스가 전해졌습니다. 다른 한번은 그 도시의 한 호프집에서 한국인 유학생이 외국인의 총에 맞아 목숨을 잃었다는 소식도 들렸습니다. 근처 몇 블록 떨어지지 않은 곳에는 우리 이웃과는 분위기가 많이 다르게 허름한 집들이 모여 있었습니다. 그 지역을 방문할 때면 가끔 등골이 오싹해지는 경험을 했습니다. 중산층 백인들이 주로 모여 사는 지역과 저소득층 흑인들이 모여 사는 지역 사이에는 눈에 보이지 않는 거대한 장벽이 존재하는 것 같았고, 나는 저쪽 편이 아니라 이쪽 편에 살고 있다는 사실에 안도하며 감사하는 마음을 갖곤 했습니다.

하지만 두 지역 사이의 편차를 생각할수록, 무언가 불공정하고 불평등하며 불의하다는 느낌을 지울 수 없었습니다. 사실 오늘날까지도 미국의 많은 흑인을 괴롭히고 있는 가난의 역사는 흑인 노예 무역이 시작된 수백 년 전 과거로 거슬러 올라갑니다. 오랜 기간 착취와 억압 속에 가난의 굴레에 매여 있던 대다수의 흑인은 대중교통 이용 등 일상생활에서부터 근거 없는 편견과 싸워야 했고, 교육과 취업 등 가난을 극복할 수 있는 기회를 얻는 데 있어서도 부당한 차별을 당해 왔습니다. 이처럼 미국 흑인들의 역사에서 가난의 뿌리는 깊고 넓었습니다. 이런 상황 가운데 더 좋은 환경에서 살고 싶어도 그럴 수 없는 가난한 흑인들이 함께 모여 마을을 이루며 살았습니다. 중산층들이 모여 사는 안전하고 깨끗하고 아름다운 환경의 마을에 비하여 가난한 흑인들이 모여 사는 마을은 주변 환경을 가꿀 여유뿐 아니라 폭력 등 다양한 위험으로부터 스스로를 방어할 여력도 상대적으로 많이 부족했습니다. 이 지역 사람들의 가난과 얽힌 오래되고 질긴 악의 사슬을 생각하면서, 나는 가난한 사람들의 억울한 형편에 대한 이해가 깊어지는 한편, 가난한 사람들에 대한 부정적 편견을 강화시키는 문화에 대해 저항하는 마음이 생겨났습니다.

●

가난의 뿌리와 열매

가난이 사람들을 죽음으로 몰아넣는 어둠의 세력과 깊이 연관되어 있다는 사실은 가난의 뿌리와 열매, 가난을 심화시키는 원인, 가난에 따라오는 파생적인 결과를 살펴보면 명확하게 알 수 있습니다. 가난의 책임이 가난한 사람에게 있는 경우도 있습니다. 성경도 이것을 분명히 가르치고 있습니다.잠 6:9-11; 10:4 하지만 가난의 책임이 항상 가난한 사람에게 있는 것은 아닙니다. 또한 가난을 통해 하나님을 더욱 깊이 알아가고 그리스도를 더욱 본받는 삶을 살게 되는 경우도 있습니다. 하지만 가난은 우리의 영성에 유익하기보다는 오히려 해가 될 때가 많습니다.

사람들이 가난해지고 빈곤해지며 궁핍해지는 데에는 여러 가지 이유가 있습니다. 게으르고 일하기를 싫어해서, 혹은 흥청망청 낭비해서 가난할 수도 있습니다. 이때 그 책임은 마땅히 게으른 사람, 방탕한 사람에게 물어야 합니다. 하지만 다른 이유들도 있습니다. 예를 들면, 도둑이 들어 재산을 훔쳐 가거나, 강도가 강압적으로 재산을 강탈해 가거나, 사기꾼에게 속아 재산을 빼앗기거나, 지인을 위해 보증을 섰다가 그 책임을 물어 재산을 압류당하거나, 빚이 늘어나다가 결국은 고리대금업자의 희생양이 되어서 가난해진 사람도 있습니다. 예기치 않은 가족의 질병으로 인해 치료비를 감당하거나, 억울한 일을 당해 재판을 준비하는 과정에서 소송 비용을 감당하다가 재산을 모두 탕진하고 빈궁해진 사람도 있습니다. 또 때로는 힘 있는 사람들에게 과도한 세금이나 조공 혹은 임대료나 소작료 등의 명목으로 갈취를 당해서, 때로는 가정에서 수입을 감당하던 사람의 갑작스러운 실직이나 죽음으로 인해 궁핍해진 가정들도 있습니다. 여기서 내가 말하고 싶은 것은 성실하고 정직한 사람 중에도 억울한 이유로, 부당한 이유로, 애매한 이유로 가난과 궁핍에 처하게 된 사람들이 있다는 사실입니다. 그리고 1970-1980년대 고도성장 시기의 대한민국과 달리 오늘날과 같이 계층 이동이 힘들어진 세상 속에서는 이런저런 이유로 빈궁해진 사람들에게 가난을 벗어날 길을 찾기란 더욱 어려워졌습니다. 자신의 잘못 때문에 가난하게 살고 있다면 할 말이 없을 것입니다. 하지만 잘못한 일이 없는데도 가난하게 살고 있고, 또한 앞으로도 정직하고 성실한 삶을 산다 하더라도 가난을 벗어날 길이 보이지 않는다면, 우리는 어떻게 해야 합니까?

가난한 사람들이 가난으로 인해 겪어야 하는 파생적인 결과는 매우 다양합니다. 가난은 단순히 허름한 옷을 입고 깨끗이 씻지 못해 악취를 풍기고 맛난 음식을 마음껏 먹지 못하는 문제가 아닙니다. 극단적으로 가난은 사람을 죽음으로 몰고 갑니다. 1990년대 말 북한에서는 적지 않은 사람이 굶어 죽었습니다. 때로는 가난으로 인해 절망하고 스스로 목숨을 끊는 사람들도 있으며, 치료비가 없어 제때 진료나

치료를 받지 못해 일찍 목숨을 잃는 사람들도 있습니다. 꼭 이렇게 극단적인 경우가 아니더라도 가난과 궁핍은 사람들의 삶을 매우 피폐하고 황폐하게 할 때가 많습니다. 치료비는커녕 생활비조차 쪼들려서 지금 갖고 있는 질병을 치료하는 것은 생각도 못 하고 그 질병을 참아 내며 살아가는 사람도 있습니다. 지금 살고 있는 땅이 기후 변화, 테러리즘, 전쟁 등으로 인해 척박해지고 황량해져서 이 땅을 떠나고 싶은데 새로운 땅이나 집을 살 돈도, 이주할 여비도 없이 그 자리에 머물러 있어야 하는 사람도 있습니다. 단순히 맛없는 음식이 아니라 상한 음식, 해로운 음식이라도 먹으며 생존을 이어가는 사람도 있습니다. 멀리 떨어져 있는 사랑하는 사람을 자주 만나고 싶지만, 여행 자금을 마련하기 어려워 그리워만 하는 사람도 있습니다. 대학교에 입학했지만, 등록금 때문에 입학을 포기한 사람도 있습니다.

가난의 뿌리와 열매를 생각하면서 나는 가난이란 결코 우리가 추구해야 할 고상한 가치가 될 수 없으며, 이는 우리가 반드시 극복해야 할 부정적 현실임을 깨닫게 되었습니다. 또한 성경을 읽으면서 나는 모든 사람이 가난에서 벗어나야 한다는 생각에 더욱 확신을 갖게 되었습니다. 하나님의 율법은 고아와 과부 등 가난한 사람들이 공동체의 특별한 배려를 받아야 한다고 강조했고, 출 22:21-27; 23:10-11, 신 15:4-11 예언자들은 가난한 사람들이 재판에서 억울한 일, 부당한 일을 당하는 현실에 탄식했습니다. 암 2:6-8, 미 2:1-5 예수님 역시 주의 영을 힘입어 누구보다도 먼저 가난한 자들에게 하나님 나라의 복음을 전하셨습니다. 눅 4:18 성경에서 가난한 사람들이 하나님의 특별한 관심과 배려를 받는 이유는 가난 자체가 무슨 미덕이라도 되기 때문이 아닙니다. 다만 하나님께서 자신이 사랑하는 사람들이 가난으로 인해 겪는 곤궁한 처지를 불쌍히 여기시기 때문입니다. 하나님은 이 땅의 가난의 뿌리와 열매를 너무도 잘 알고 계시며, 가난한 사람들의 곤궁한 처지를 너무도 잘 이해하고 계십니다. 그래서 하나님은 모든 사람이 가난에서 벗어나기를 바라고 계십니다. 자비와 긍휼이 많은 하나님께서는 더 이상 가난한 사람들이 죄악과 죽음의 굴레 아래 신음하지 않는 세상을 꿈꾸며 그러한 새로운 세상을 만들어 가고 있습니다.

•

너희 가난한 자는 복이 있나니

누가복음에서 예수님은 평지설교를 시작하면서 이렇게 말씀하십니다.

> ……너희 가난한 자는 복이 있나니, 하나님의 나라가 너희 것임이요.
> 눅 6:20

예수님은 가난한 사람들에게 복이 있다고 선포합니다. 구체적으로 지금 자신에게 나아온 가난한 사람들을 향해 하나님 나라의 복을 선포합니다. 예수님이 갈릴리에서 사역할 때 예수님 주변에는 가난한 사람들이 많이 있었습니다. 로마 당국의 압제와 수탈, 예루살렘 성전 지도자들의 횡포 등으로 인해 많은 사람이 가난 속에 있었고, 그들은 가난에 함께 따라오는 열악한 환경, 질병, 우울증, 이른 죽음 등으로 고통을 받고 있었습니다. 사실 예수님과 제자들 역시 그러한 비참한 가난의 현실로부터 자유롭지 못했습니다. "우리에게 날마다 일용할 양식을 주옵소서"라는 주기도문의 내용은 제자 공동체의 열악한 경제적 형편을 간접적으로 암시하고 있습니다. 예수님 당시 갈릴리에서 가난은 죄악과 죽음의 그늘진 땅에서 살아가는 사람들의 고통과 슬픔을 집약하는 상징 같은 것이었습니다. 평지설교에서 '너희 가난한 자'에 대한 언급 뒤에 따라오는 세 부류의 사람들, 눅 6:21-22 곧 지금 주린 자, 지금 우는 자, 인자로 말미암아 미움받고 욕을 먹고 박해받는 사람 모두 가난한 사람의 범주 안에 포함됩니다. 예수님은 이처럼 자기 주변에서 가난으로 인해 고통받고 있는 사람들에게 하나님 나라의 복을 선포했습니다.

예수님은 공생애를 시작하면서 "때가 찼고 하나님 나라가 가까이 왔으니 회개하고 복음을 믿으라"고 선포했습니다. 우리는 이 복음 선포의 연장선상에서 가난한 사람들을 향한 예수님의 복음 선포를 이해할 수 있습니다. "지금 가난으로 고통받고 있는 여러분에게 정의와 평화, 생명과 희락의 하나님 나라가 가까이 왔습니다. 하나님께서 여러분의 곤고함을 돌아보시고, 여러분의 억울함을 풀어 주시며, 가난과 얽혀 있는 죄악과 죽음의 굴레에서 여러분을 건져 주실 것입니다. 그러니 이제 절망의 자리에서 일어나십시오. 하나님이 다스리는 새로운 세상에서 새로운 삶에 대한 소망을 품고, 하나님 나라의 생명과 기쁨을 누리고 맛보는 삶을 사십시오." 가난으로 고통받고 있는 사람들의 입장에서 보면, 정의와 평화, 생명과 희락의 하나님 나라가 가까이 왔다는 예수님의 말씀은 정말이지 기쁜 소식이 아닐 수 없습니다.

가난과 궁핍으로 죄악과 죽음의 굴레 아래 신음하고 있는 사람들에게 우리가 성경의 말씀을 인용하며 "자족하기를 배우라"고 말한다면, 빌 4:12, 딤전 6:6 그것이 과연 가난한 사람들에게 복음이 될 수 있을까요? 자족과 청빈의 메시지가 그들에게 과연 기쁜 소식이 될 수 있을까요? 그렇다면 그들에게 참 복음의 내용, 참 기쁨의 소식은 무엇일까요? 예수님은 가난한 자들에게 주어지는 복의 내용을 분명히 선포했습니다. 그것은 하나님 나라입니다. 이제 문제는 하나님 나라를 어떻게 이해하는가에 달렸습니다. 하나님 나라는 사랑과 자비가 많으신 하나님이 공평과 정의로 다스리는 세상, 그래서 생명과 평화가 가득하고 기쁨이 넘치는 세상을 말합니다. 그런 꿈같은 세상이 이 땅에서 펼쳐진다면, 가난한 자들을 괴롭히는 모든 문제는 해결될 것입니다. 그때에는 하나님이 가난한 자들의 억울함을 풀어 줄 것이고, 슬픔의 눈물을 닦아줄 것이며, 그들의 잘못을 용서할 것이고, 그들이 기쁨으로 참여할 수 있는 만찬을 베풀어 줄 것입니다. 하나님 나라가 이처럼 가난한 사람들에게 새 생명의 소망을 주어 그들을 살리는 나라이기 때문에 그 나라의 도래는 가난한 자들에게 큰 기쁨의 소식이 아닐 수 없습니다. 이것이 바로 예수님께서 가난한 사람들을 향해 선포하신 하나님 나라 복음의 내용입니다.

·

화 있을진저, 너희 부요한 자여

우리는 부요한 사람들을 향한 예수님의 말씀 또한 살펴볼 필요가 있습니다.

> 그러나 화 있을진저, 너희 부요한 자여 너희는 너희의 위로
> 를 이미 받았도다.   눅 6:24

그렇다면 여기에서 저주를 받는 '부요한 자'는 누구를 말하는 것일까요? 예수님이 저주를 선언한 '너희 부요한 자'는 부요한 사람 모두를 가리킨다기보다 불의한 방법으로 부를 획

득한 사람들 즉 부의 근원이 죄로 물든 자들이나, 부를 악용해 불의를 행하는 사람들 즉 부의 열매가 죽음을 낳는 자들을 가리킨다고 볼 수 있습니다. 요컨대, 예수님이 저주를 선언한 부유한 사람들에 대한 올바른 이해를 위해서는 부자들이 가진 부 자체에 집중하기보다 그 배후에 자리하고 있는 죄와 죽음의 어두운 그림자를 분별하는 일이 중요합니다.

이와 관련해서 우리는 가진 자와 못 가진 자를 마치 선과 악의 이분법적 도식으로 구분하고 대립시키는 극단적인 태도를 지양해야 합니다. 계급투쟁을 불러오는 이 같은 이분법적 사고는 죄와 죽음의 현실을 지나치게 안이하게 판단한 결과입니다. 우리는 가난과 부의 다양한 원인과 결과를 심층적으로 들여다보면서 우리가 처해 있는 죄와 죽음의 현실을 보다 냉철하게 이해할 필요가 있습니다. 다시 말하지만, 진짜 문제는 가난 자체도 부 자체도 아닌 뭇 생명을 해치는 죄악과 죽음의 세력이기 때문입니다.

통상적으로 세상 사람들은 부를 추구하고 가난을 멀리합니다. 하지만 누가복음의 평지설교는 가난한 자들에 대한 하나님의 복음 선포와 부유한 자들에 대한 저주 선언을 통해 세상의 일반적인 가치를 뒤집어 놓습니다. 이제 예수님을 믿고 따르는 제자들은 세상 사람들과 달리 재물을 좇지 않습니다. 다만 하나님만을 좇아갑니다. 재물과 하나님을 동시에 붙잡으려고 두 마음을 품지도 않습니다. 오로지 하나님만을 붙잡습니다. 이제 예수님의 제자들은 부와 가난이라는 프레임이 아니라 불의와 경건, 죽음과 생명이라는 프레임으로 세상을 읽고 그 세상을 살아갑니다. 실제로 가난한 사람이든 부유한 사람이든, 모든 그리스도인은 '돈보다 하나님', '돈보다 생명'이라는 확고한 가치관 속에 하루하루를 살아갑니다. 이제는 부를 추구하기보다는 하나님과 생명을 추구하고, 가난을 멀리하기보다 차라리 가난을 감수하고서라도 죄악과 죽음을 멀리합니다. 이제 우리가 추구하는 진정한 가치는 물질적 부가 아닌 하나님의 생명에 있으며, 극복해야 할 가장 큰 장애물은 가난 자체가 아닌 가난을 통해 고통을 가져오는 죄악과 죽음의 세력입니다.

가난한 사람들에게 복음을 전하는 사명

이제 우리 주변의 가난한 사람들에 대한 이야기로 돌아가 봅시다. 가난의 뿌리와 열매가 적지 않은 경우 죄와 죽음의 현실에 맞닿아 있다는 사실을 생각할 때, 우리는 결코 가난을 그대로 묵과하거나 용인할 수 없습니다. 선입견을 품고 가난한 사람들을 정죄하거나 차별하는 것도 잘못이지만, 가난 자체가 마치 고상한 가치인 양 미화하는 것 또한 잘못입니다. 우리는 예수님처럼 가난한 사람들에게 그들을 가난의 굴레에서부터 건져내는 하나님 나라의 복음을 들려주어야 합니다.

예수님이 가난한 사람들에게 전한 하나님 나라의 복음은 모든 사람이 부자가 될 것을 축복하는 번영 신학과는 거리가 멉니다. 예수님은 사랑과 자비의 하나님이 공평과 정의로 다스리는 나라, 그래서 가난한 사람들이 억울하게 차별받거나 부당하게 대우받지 않는 나라, 가난한 사람들의 억울한 눈물을 닦아 주는 나라, 가난한 사람들에게 새로운 삶의 기회를 주는 나라, 가난한 사람들이 만찬의 주인공이 되는 나라가 가까이 왔다는 기쁜 소식을 전하였습니다. 이 하나님 나라의 복음을 통해 예수님은 죄와 죽음의 그늘에 앉은 가난한 사람들에게 새로운 삶의 소망을 심어 주고 절 망의 자리에서부터 그들을 일으켜 세웠습니다.

구약 시대의 희년은 빚진 사람들, 빚을 갚지 못해 종이 된 사람들에게 빚 탕감과 노예 해방을 선언하는 기쁨의 해 를 가리키는 말이었습니다. 희년이 온다는 말은 이제 모든 빚을 탕감받고, 노예 생활에서 해방된다는 뜻을 내포하고 있었습니다. 그래서 빚진 사람들, 노예로 사로잡힌 사람들 에게 희년의 소식은 너무도 기쁜 소식, 즉 **복음**이었습니다.

예수님은 나사렛 설교에서 바로 그 희년의 도래를 선언 하셨습니다. 이제 우리도 예수님을 따라 이 땅의 가난한 사 람들, 빚에 눌린 사람들, 노예로 살아가는 사람들에게 이 희 년의 복음을 전해야 합니다. 가난의 굴레에 매여 살아가는 사람들에게 하나님의 은혜의 해, 희년의 도래를 선포하는 일, 이것은 수많은 사람이 빚더미에 눌려 살아가는 오늘날 우리 그리스도인들에게 주어진 가장 중요한 사명 가운데 하 나입니다.

예수님의 여인들

07

예수님의 삶의 시작과 마지막에는
늘 여인들이 있었습니다.
예수님은 여인들의 사랑과 돌봄 속에서
태어나 자랐고, 사역하셨으며 끝내 숨을 거두었습니다.
예수님을 곁에서 지켜 주고 돌보아 준 이 여인들을 기억하지 못한다면
우리는 그분의 삶의 단면만을 보게 될 것입니다.

여인들의 돌봄을 받다

예수님은 태어나서 죽을 때까지, 아니 죽은 뒤에도 여인들의
돌봄을 받았습니다. 예수님 역시 다른 모든 사람처럼 어머
니 뱃속에서 탯줄을 통해 전해지는 영양분을 공급받으며 자
랐고, 어머니의 품속에서 젖을 먹으며 자랐습니다. 아버지를
일찍 여읜 다음에는 어머니의 영향이 더 컸을 것이라 짐작할
수 있습니다. 예수님이 공적 사역을 시작한 다음에도 그분의
주변에는 많은 여인이 있었습니다. 예수님이 베드로의 장모
의 열병을 떠나가게 했을 때, 그 여인은 예수님과 제자들의
수종을 들었습니다.^{막 1:29-31} 또한 예수님을 따르는 여제자들

은 예수님의 사역에 물질적인 지원을 제공했습니다.눅 8:1-3

　　이 여인들의 공궤가 없었다면 예수님의 사역은 어떻게 되었을까요? 그뿐 아니라, 예수님이 죽음을 앞두고 계실 때에도 한 여인은 그분에게 기름을 부었습니다. 예수님은 복음이 전해지는 곳에 이 여인이 행한 일 또한 함께 기억할 것을 당부했습니다.마 26:6-13 예수님이 십자가를 지고 골고다 언덕으로 끌려갈 때 남제자들은 모두 예수님 곁을 떠났지만, 여자의 큰 무리는 가슴을 치고 슬피 울며 예수님을 따라갔습니다.눅 23:26-27 예수님이 십자가에 달려 죽었을 때, 갈릴리에서부터 예수님을 따라온 여인들은 예수를 아는 자들과 함께 그분의 마지막을 멀리 서서 지켜보고 있었습니다.눅 23:48-49 아리마대 요셉이 바위에 판 무덤에 예수님을 장사했을 때에도 여인들은 그 무덤과 그의 시체를 어떻게 두었는지 보고 돌아가 향품과 향유를 준비했습니다.눅 23:55-56

　　요컨대, 예수님의 삶의 시작과 마지막에는 늘 여인들이 있었습니다. 예수님은 여인들의 사랑과 돌봄 속에서 태어나 자랐고, 사역하였으며 끝내 숨을 거두었습니다. 예수님을 곁에서 지켜 주고 돌보아 준 이 여인들을 기억하지 못한다면 우리는 그분의 삶의 단면만을 보게 될 것입니다. 사실 이 여인들이 단순히 예수님 한 개인을 지켜 주고 돌보아 주었다기보다는, 그들이 예수님을 중심으로 펼쳐지는 하나님 나라 운동의 대의에 공감하고 그 운동에 동참하는 일원이었다고 말하는 것이 더 바람직할 것입니다. 말하자면, 우리는 예수님을 중심으로 형성된 남녀평등의 공동체를 볼 수 있어야 합니다. 그 공동체 안에는 남자들뿐 아니라 여자들도 있었습니다. 그리고 여제자들은 남제자들의 무능하고 부족한 부분을 보완하고 도와주며 하나님 나라 운동을 온전하게 만드는 데 크게 기여했습니다.

·

예수님 주변의 성숙한 신앙의 여인들

여기에서 한 가지 더 기억해야 할 점은 예수님을 돌보고 지지하고 축복한 여인들의 성숙한 신앙입니다. 예수님은 이처럼 성숙한 신앙을 가진 여인들의 돌봄을 받으며 성장했습니다. 예수님 주변의 많은 여인 중에서 가장 돋보였던 여인은 단연 예수님의 어머니 마리아입니다. 누가복음에는 천사를 통해 말씀하신 하나님께 순종하는 마리아의 모습뿐 아니

라, 하나님에 대한 깊은 신앙 고백을 담은 찬송을 부르는 그
녀의 모습이 아주 자세히 기록되어 있습니다. 눅 1:46-55 '마리
아 찬가'라 불리는 이 찬송시는 예수님의 교훈 눅 6:20-26을 미
리 내다보게 만드는 내용을 담고 있으며, 구약 예언자들에
못지않은 놀라운 통찰을 보여주고 있습니다. 마리아가 단지
어린 나이에 아기를 낳은 나약하고 가난한 여인에 불과했다
고 생각한다면 그것은 큰 오해입니다. 마리아는 인생과 역
사를 주권적으로 섭리하시는 하나님의 역사를 깊이 이해하
였고 그것을 찬송시로 고백하고 표현할 수 있을 만큼 매우
현명하고 당찬 여인이었습니다.

이런 관점에서 볼 때, 예수님의 성장 과정과 사역 그리
고 수난과 죽음 이후에도 마리아의 활동은 수동적이기보다
능동적이고 적극적이었을 것이라고 짐작할 수 있습니다. 마
리아는 아기 예수님을 찾아온 목자들의 증언을 마음에 새
겼고, 눅 2:19 예수님이 열두 살에 예루살렘 성전에서 한 말도
마음에 새겼습니다. 눅 2:51 예수님이 십자가에 달렸을 때에
도 그분 곁을 지켰습니다. 요 19:25 예수님이 부활한 다음에는
제자들과 함께 마가의 다락방에서 기도에 힘썼습니다. 행 1:14
아마도 예수님이 죽기 전까지 그분의 정체와 사명을 가장

잘 이해하고 있었던 사람은 어머니 마리아가 아니었을까 추측해 볼 수 있습니다. 가나의 혼인 잔치에서 마리아가 예수님에게 "저들에게 포도주가 없다"고 말한 다음, 하인들에게 "너희에게 무슨 말씀을 하시든지 그대로 하라"고 말했을 때,요 2:4-5 마리아의 말속에 그녀의 깊은 신앙이 담겨 있음을 알 수 있습니다.

　　예수님이 태어나고 사십여 일이 지났을 때 산모의 정결 예식과 맏아들을 하나님께 드리는 일을 위해 마리아는 예수님을 데리고 성전에 올라갔습니다. 그때 그녀는 성전에서 성령이 그 위에 있던 남자 시므온과 여선지자 한 사람을 만납니다.눅 2:36-38 과부로 여든네 해를 지난 이 여인은 오로지 하나님과 그분의 구원만을 생각하며 주야로 금식하고 기도하는 사람이었습니다. 예수님을 만난 여선지자 안나는 하나님의 구원 계획을 깨닫고 하나님께 감사하였고, 암울한 현실에서 예루살렘과 이스라엘의 구속을 바라는 모든 사람에게 이 기쁜 소식을 전하였습니다. 예수님이 본격적으로 하나님 나라의 복음을 선포하기 이전에 이미 이스라엘의 속량을 미리 내다보고 기쁜 소식을 전하는 여선지자가 있었다는 사실은 예수님의 복음 사역이 홀로 이루어진 일이 아니었으며 주변에 많은 남녀 동역자가 있었음을 간접적으로 보여줍니다. 예수님은 그들과 함께, 그들 틈에서 하나님 나라의 복음 운동을 전개했습니다.

●

여인들의 고통을 돌아보다

예수님은 여인들의 돌봄을 받았을 뿐 아니라, 여인들의 고통을 돌아보고 그들을 치유하고 구원하는 일에 매우 적극적이었습니다. 당시 여인들이 사회에서 가장 천대받던 집단 중 하나였다는 사실을 생각할 때 예수님의 이 같은 행동은 매우 특별했습니다. 그뿐 아니라 질병을 앓거나 장애를 가졌거나 죄를 지은 여인의 경우 종교적 정죄와 차별의 시선이 동일한 상황의 남성보다 더욱더 따가웠습니다. 예수님이 고통당하는 여인들에게 남다른 관심을 가졌던 이유는 예수님이 남자보다 여자를 더 좋아했기 때문이 아닙니다. 그 이유는 비슷한 형편의 다른 남성들보다 여성들이 그 사회에서 더 극심한 고통을 겪고 있었기 때문입니다. 예수님의 시선은 언제나 더 낮은 곳으로, 곧 더 큰 아픔을 가진 사람에게,

더 큰 슬픔을 느끼는 사람에게, 더 큰 죄를 지은 사람에게, 더 큰 고통을 겪는 사람에게 향하고 있었습니다.

하루는 안식일에 예수께서 회당에 들어갔는데 그곳에서 18년 동안이나 귀신 들려 몸이 꼬부라져 조금도 펴지 못하는 한 여자를 보았습니다.눅 13:10-17 예수님은 그 여인에게 손을 대어 안수하며 "여자여 네가 네 병에서 놓였다"고 선언했습니다. 그러자 그 여자가 곧 몸을 펴고 일어났습니다. 안식일에 병 고치는 일에 대해 분내는 무리가 보는 앞에서 예수님은 이 여인을 가리켜 '아브라함의 딸'이라 부르며 그녀를 옹호했습니다.

　　……외식하는 자들아, 너희가 각각 안식일에 자기의 소나
　　나귀를 외양간에서 풀어내어 이끌고 가서 물을 먹이지 아니
　　하느냐. 그러면 열여덟 해 동안 사탄에게 매인 바 된 이 아브
　　라함의 딸을 안식일에 이 매임에서 푸는 것이 합당하지 아
　　니하냐.　　　　　　　　　　　　　　　　　　　눅 13:15-16

혹 그곳에 여인의 가치를 소나 나귀보다 더 천하게 여기는 사람들도 있었을지 모르겠습니다. 그렇다면 예수님은 이 치

유 이적을 통해 여인의 인격과 존엄성이 존중받아야 함을 더욱 역설적으로 선포하고 있다고 말할 수 있습니다.

또 한번은 예수님이 야이로의 딸을 구하러 가는 길에 12년 동안 혈루증을 앓아 온 한 여인이 예수님의 소문을 듣고 그분께 다가갔습니다.^{막 5:25-34} 무리 틈에서 예수님의 옷에 손을 댄 여인은 즉시 자신의 몸이 회복된 것을 알게 되었습니다. 예수님은 그 '부정한' 여인의 '당돌한' 행동을 칭찬하며 말했습니다. "딸아, 네 믿음이 너를 구원하였으니, 평안히 가라. 네 병에서 놓여 건강할지어다." 지난 12년간 육체의 고통은 물론이고 사회적 차별과 종교적 정죄로 고통당하고 있던 이 여인에게 예수님은 한없이 온유하고 자상했습니다.

예수님이 여인들의 고통에 깊이 공감했다는 사실은 나인 성 과부의 이야기에서 더욱 분명하게 드러납니다.^{눅 7:11-17} 예수님은 제자들과 함께 나인 성 가까이 왔을 때, 한 과부의 외동아들이 죽어 장사 지내는 광경을 목도했습니다. 성경은 이때 예수님이 외동아들을 잃고 슬퍼하는 과부를 보시고 불쌍히 여겼다고 묘사하고 있는데, 이것은 예수님이 과부가 느끼는 그 고통을 함께 느꼈다는 뜻을 내포하고 있습니다. 예수님은 과부에게 "울지 말라"고 말하고, '부정한' 관에 손을 댄 다음 죽은 청년에게 일어나라 명령하여 죽은 아들을 다시 살려냅니다. 예수님은 독자를 잃은 슬픔에 창자가 끊어질 듯 통곡하고 있는 과부의 모습을 보고 그냥 지나칠 수 없었습니다.

> 애통하는 자는 복이 있나니 그들이 위로를 받을 것임이요.
> 마 5:4

예수님은 애통하는 여인 곁에서 함께 애통하며 그 여인을 위로하였습니다. 예수님은 질병이나 장애를 앓는 여인들뿐 아니라 죄를 범한 여인들에게도 특별한 관심과 사랑을 베풀었습니다. 요한복음에 나오는 간음한 여인 이야기는 우리에게 너무도 잘 알려져 있습니다. 요 8:2-11 예수님이 예루살렘 성전에 있을 때 서기관들과 바리새인들은 간음 현장에서 붙잡힌 여인을 끌고 예수님 앞에 데려왔습니다. 그때 동일한 현장에 있던 남자는 어디에 갔는지 전혀 알 길이 없습니다. 다만 모든 사람이 간음한 여인을 돌로 치려고 준비하고 있는 그때, 예수님은 오히려 그 여인을 정죄하는 사람들을 부끄럽게 만들고 여인을 보호했습니다. 모든 사람이 돌아간 다음 예수님과 여인만 남게 되었을 때 예수님은 여인에게 당시로써는 상상할 수조차 없던 엄청난 복음을 전합니다.

> ……예수께서 이르시되 나도 너를 정죄하지 아니하노니, 가서 다시는 죄를 범하지 말라 하시니라.   요 8:11

한번은 예수님이 바리새인 시몬의 집에 식사 초대를 받았습니다. 그때 죄를 지은 한 여인이 예수님에게 나아왔습니다. 그 여인은 예수님의 발 곁에 서서 울며 눈물로 예수님의 발을 적시고 그 발에 입을 맞춘 뒤 한 옥합의 향유를 예수님의 발에 부었습니다. 예수님을 초청한 바리새인은 마음속으로 "이 사람이 만일 선지자라면 자기를 만지는 이 여자가 누구며 어떠한 자 곧 죄인일 줄을 알았으리라"고 생각했습니다. 예수님은 바리새인의 생각을 꿰뚫어 보고 비유를 통해 이 여인이 죄인인 줄 익히 알았지만, 그렇기 때문에 더욱 이 여인의 '도발적인' 행동을 변호합니다. 그러고는 여인에게 "네 죄 사함을 받았느니라"고 말하며 죄 용서를 선포합니다.

예수님은 고대 사회에서 멸시와 천대를 받고 정죄를 받는, 즉 인간 대접을 받지 못하던 여인들을 불쌍히 여기고 그들에게 따뜻하고 부드러운 사랑을 보여주셨습니다. 예수님은 이 여인들을 치유하고 용서하면서 그들 또한 하나님 나라의 중요한 구성원임을 확증해 주셨습니다.

•

여인들을 제자 삼다

예수님에게 여인들은 단순히 자신을 돌보아 주는 존재 혹은 자신이 돌보아야 하는 존재 그 이상이었습니다. 사실 우리는 예수님을 돌보거나, 예수님께서 그 고통을 돌아본 여인들에게서 여느 남제자들보다 더 성숙한 신앙과 훌륭한 제자의 모습을 발견합니다. 열두 제자 중 성경에 이름만 잠시 언급된 제자들도 여럿 있고 남제자들의 미성숙한 신앙에 대한 성경의 기록도 더러 있는 데 반해, 복음서 이야기는 성숙한 여제자들에 대한 기록을 상대적으로 많이 담고 있습니다. 어떤 면에서 보면, 이 여인들은 남자들보다 예수님의 마음을 더 잘 헤아리고, 예수님과 하나님 나라의 복음을 더욱 담대하게 실천한 제자들이자 하나님 나라의 일꾼들이었습니다.

예수님의 여제자들 가운데 가장 잘 알려진 사람은 막달

라 마리아입니다. 막달라 마리아는 예수님의 어머니 마리아와도 다른 인물이고, 무덤에서 다시 살아난 나사로의 누이 마리아와도 다른 인물입니다. 이 여인의 이름은 예수님의 하나님 나라 복음 사역을 간략하게 요약하고 있는 누가복음 8장 1-3절에서 처음 언급됩니다. 여기에서 막달라 마리아는 '일곱 귀신이 나간 자'라고 묘사되어 있습니다. 아마도 예수님께서 이 여인에게 있는 일곱 귀신을 쫓아낸 다음, 그녀는 다른 남제자들과 함께 예수님을 추종하였던 것으로 보입니다. 그리고 막달라 마리아 외에도 예수님을 통해 악귀나 질병으로부터 해방된 다른 여인들이 열두 제자들과 함께 예수님의 하나님 나라 운동의 핵심 공동체를 이루고 있었습니다. 이 여인들은 예수님을 따라다니며 무슨 일을 했을까요? 본문은 여인들이 자기들의 소유로 예수님과 열두 제자를 섬겼다고 기록하고 있습니다. 하지만 사실 이 여인들이 한 일은 단순히 사역을 지원하는 차원의 섬김에서 그치지 않았습니다. 앞서 예수님의 어머니 마리아와 예루살렘 성전의 여선지자 안나의 경우에서도 보았듯이, 이 여인들이 예수님의 제자 공동체 안에서 하나님 나라의 복음을 전하는 일에 보다 적극적인 역할을 감당했을 가능성을 배제할 수 없습니다.

예수님이 십자가에 달려 죽을 때, 그리고 안식일 후에 무덤에서 일어났을 때, 곧 예수님을 통한 하나님의 구원 사역이 절정에 달한 그때에 현장에 있었던 사람은 몇 명 되지 않았습니다. 그런데, 바로 그 중요한 현장에서 우리는 막달라 마리아를 발견합니다. 십자가 현장에는 베드로를 비롯한 남제자들은 찾아볼 수 없었고(요한은 제외하고), 빈 무덤을 먼저 찾아간 것도 막달라 마리아를 비롯한 여제자들이었습니다. 예수님의 장례를 준비하는 여인들의 헌신과 수고는 이미 예수님이 십자가에 달리기 전부터 이루어졌습니다. 예수님께서 죽음을 앞두고 있던 즈음 베다니 나병환자 시몬의 집에 있을 때의 일입니다.마 26:6-13 그때 한 여인이 향유 한 옥합을 식사하는 예수님의 머리에 부었습니다. 귀한 향유를 낭비했다고 제자들이 분개하자, 예수님은 이 여인이 자신의 장래를 위해서 한 일이라고 말하며 그녀를 두둔했습니다. 그뿐 아니라, 온 천하에 복음이 전해지는 곳마다 이 여인이 행한 일 또한 함께 전파될 것을 명하셨습니다. 예수님의 무덤을 찾아간 여인들은 결국 무덤이 비어 있어 예수님의 몸에 향유를 바르지 못했지만, 이 여인은 예수님의 죽음을 미리 내다보고 그분의 머리에 향유를 부었던 것입니다.

예수님의 제자들 중에 또 다른 유명한 두 사람이 있는데, 이는 베다니에 살고 있던 마르다와 마리아입니다. 예수님이 두 자매의 오라비 나사로를 살린 이야기는 요한복음 11장에 기록되어 있습니다. 예수님이 나사로가 병들었다는 소식을 듣고 베다니에 도착했을 때, 나사로는 이미 죽어 있었습니다. 예수님이 당도했다는 소식이 전해졌을 때, 마르다가 먼저 예수님을 맞으며 말했습니다. "주께서 여기 계셨더라면 내 오라버니가 죽지 아니하였겠나이다. 그러나 나는 이제라도 주께서 무엇이든지 하나님께 구하시는 것을 하나님이 주실 줄을 아나이다." 이 말속에서 우리는 마르다가 이미 일반인들을 능가하는 놀라운 믿음을 갖고 있었다는 사실을 엿볼 수 있습니다. 마르다가 집에 돌아가 마리아를 부르니, 마리아도 곧장 예수님께로 달려가 그 앞에서 통곡했습니다. "주께서 여기 계셨더라면 내 오라버니가 죽지 아니하였겠나이다." 예수님은 마리아가 우는 것과 함께한 사람들이 우는 것을 보고 "심령에 비통히 여기고 불쌍히 여겼을" 뿐 아니라, "눈물까지 흘리셨습니다".요 11:35 예수님이 베다니의 나사로와 그 자매 마리아와 마르다를 얼마나 사랑했는지 짐작할 수 있게 하는 대목입니다. 이후에 예수님이 무덤으로 가서 나사로를 다시 살려냈다는 것은 잘 알려진 이야기입니다.

누가복음 10장 38-42절은 마르다, 마리아와 관련해서 빼놓을 수 없는 이야기를 담고 있습니다. 예수님이 두 자매가 사는 동네에 들어갔을 때, 마르다는 예수님과 제자들을 영접하였습니다. 예수님이 한 여인의 영접을 받아 그 집에 들어갔다는 사실은 당시 풍습에 비추어 보아서는 매우 기이하고 심지어는 거리끼는 일이었을 것입니다. 그뿐 아니라, 예수님이 그 집에 들어갔을 때 마르다의 동생 마리아가 예수님의 발치에 앉아 다른 제자들과 함께 그분의 말씀을 들었습니다. 랍비의 가르침을 듣는 자리에 여인이 함께 있었다는 사실 또한 당시 유대인들에게는 상상하기 어려운 장면이었을 것입니다. 예수님은 이처럼 파격적인 동선을 통해 여인들도 제자 공동체의 당당한 일원임을 선언하셨습니다.

공동체 운동

예수님은 여인들의 돌봄을 받았고, 여인들의 고통을 돌아보았고, 여인들을 제자로 삼았습니다. 너무도 당연한 듯 보이는 사실을 이토록 장황하게 설명한 이유는 예수님의 하나님 나라 운동을 이해하는 데 있어 이제까지 많이 간과되어 왔던 한 측면을 부각시켜 보여주기 위함입니다. 예수님의 하나님 나라 운동은 **공동체 운동**이었습니다. 그 운동의 중심에는 예수님 혼자가 아니라 예수님과 함께하는 여자들과 남자들이 있었습니다. 예수님의 이야기에서 이 남녀 공동체를 기억하는 일은 매우 중요합니다. 예수님 한 사람에게 초점을 맞추다 보면 하나님 나라 운동의 본질, 곧 새롭게 만들어지고 있는 공동체의 모습이 시야에서 사라져 버리고 맙니다.

또한 이 공동체에 남자들뿐 아니라 여자들이 함께 있었다는 사실이 오늘날 우리에게는 그렇게 낯설지 않게 보일지 모르지만, 이천 년 전 당시 팔레스타인 유대교 상황 속에서는 매우 파격적이고 도발적이었습니다. 복음서만 보더라도 바리새인이나 율법학자 혹은 사두개인 중에 여자가 있었다는 암시는 거의 없습니다. 그런데 예수님의 이야기에는 여자들이 상대적으로 전면에 부각되어 있습니다. 이것은 예수님의 하나님 나라 운동의 또 다른 중요한 특징을 보여주는데 그것은 누구도 차별하지 않는 공동체 운동이라는 점입니다. 여성들을 배제한 남성 공동체, 종들을 배제한 자유인 공동체, 이방인들을 배제한 유대인 공동체, 죄인들을 배제한 의인 공동체, 병자들과 장애인들을 배제한 건강한 사람들의 공동체, 어린이들을 배제한 어른 공동체 등 당시 지배적인 공동체 운동의 배타적 경향과 달리, 예수님의 하나님 나라 운동은 어린이, 병자와 장애인, 죄인, 이방인, 종, 여성 모두를 차별하지 않는 보편적이고도 열린 공동체를 지향하고 있었습니다. 사도 바울은 이 복음을 명쾌하게 진술했습니다.

> 너희는 유대인이나 헬라인이나 종이나 자유인이나 남자나
> 여자나 다 그리스도 예수 안에서 하나이니라.   갈 3:28

그런데 안타깝게도 기독교 역사 안에서 보편적으로 열린 공동체에 대한 예수님의 이 같은 비전은 많은 부분 퇴색되고 왜곡되거나 망각되었습니다. 가장 대표적인 예가 교회 내

여성들에 대한 차별입니다. 여전히 일부 한국 교회에서는 여성들의 리더십을 인정하지 않고 있는데, 이러한 경향은 사실 기독교 전통에 깊이 뿌리를 내리고 있습니다. 문제는 이 전통이 예수님의 본래 비전과 충돌한다는 사실입니다. 이 땅의 교회는 예수님이 선포한 하나님 나라를 가장 모범적으로 구현하는 공동체가 되어야 합니다. 예수님이 그러했듯이 어린이도, 병자와 장애인도, 죄인도, 이방인도, 종도, 여성도, 가난한 사람도 모두 차별 없이 함께하는 공동체를 만드는 일에 이 땅의 그리스도인들은 앞장서야 할 것입니다.

●

예수님이 좋은 걸 어떡합니까

나는 예수님이 좋습니다. 특히 예수님이 공동체 속에 들어가 많은 사람 가운데 한 사람이 되는 모습이 참 좋습니다. 왕이나 귀족처럼 별도로 구별된 자리에 앉지 않고, 무리와 함께 식탁에 둘러앉아 언뜻 보아서는 누가 예수님인지 알아볼 수 없게 만드는 그런 예수님이 참 좋습니다. 사람들이 예수님만 바라보고 앉아 있는 것이 아니라, 서로를 마주한 채 앉아 있고, 예수님이 그중에 한 사람이 되어 주어서 참 좋습니다. 모든 사람의 이목을 독점하지 않으시고, 모든 사람이 골고루 관심을 받게 하시니 참 좋습니다.

나는 예수님이 좋습니다. 공동체 안에서 한 사람으로 눈에 띄지 않게 있지만, 보이지 않게 공동체 전체를 움직이는 예수님이 참 좋습니다. 공동체 안 다양한 사람들의 각기 다른 필요들을 하나하나 채워 주고, 한 사람 한 사람 고쳐 주고 일으켜 주며, 세워 주고 웃게 하시며, 울게 하고 말하게 하는 예수님이 참 좋습니다. 공동체 안의 깨어진 관계를 회복시키고 모든 사람이 더불어 평화롭게 지낼 수 있게 만들어 주시는 예수님이 참 좋습니다.

나도 예수님처럼 그렇게 살고 싶습니다. 나도 예수님처럼 그렇게 공동체를 섬기고 싶습니다. 나도 예수님처럼 그렇게 공동체의 일원이 되고 싶습니다.

오실 그이가 당신입니까

08

예수님은 자기 몸조차 스스로 가누지 못하는 병약한 사람들,
자기 삶을 스스로 책임지지 못하는 연약한 사람들에게 다가가셨습니다.
예수님은 자신이 그들을 위해, 그들의 치유와 회복을 위해
이 땅에 오셨다고 말씀하셨습니다.

예수, 그 이름의 비밀

'예수'라는 이름의 어원에는 야훼 하나님이 구원하신다는 뜻이 담겨 있습니다. 말하자면, 예수라는 이름은 하나님의 구원이라는 개념과 뗄 수 없는 관계에 있습니다. 그렇다면 구원이란 무엇입니까? 예수님을 통해 야훼 하나님이 누구를 무엇으로부터 구원한다는 말입니까?

우리는 가끔 구원이 무엇인지에 대한 나름의 정의를 먼저 내리고서 예수님을 우리가 생각하는 구원을 가져다주는 분으로 여기는 경향이 있습니다. 예수님이 실제로 어떤 구원을 가져다주는 분인지 꼼꼼하게 살펴보지 않고서, 여기저

기서 주워들은 것들을 근거로 혹은 각자 마음에 바라는 것
들을 중심으로 구원에 대한 정의를 내리는 사람들도 있습
니다. 또한 성경이 말하는 하나님 나라의 구원 개념을 제대
로 이해하지 못하고, 오히려 불교나 무속신앙 등 주변 문화
나 종교의 구원 개념을 언어만 달리 해서 그대로 사용하는
경우도 적지 않습니다. 그러다 보니, 예수님을 구원자라고
부르지만, 그분에게 기대하고 소망하는 바는 저마다 다릅니
다. 어떤 사람들은 예수님에게 기도하나 부처님에게 기도하
나 결과가 다를 바 없다고 생각합니다. 하지만 예수님의 구
원은 특별합니다. 예수님의 삶의 이야기가 그것을 말하고
있습니다.

한번은 옥에 갇힌 세례 요한이 자신의 제자들을 예수님
에게 보내어 질문합니다.

……오실 그이가 당신이오니이까……. 눅 7:19

예수님이 진정 구약성경을 통해 약속된 그 메시아, 참 구원
자인지 묻는 질문이었습니다. 성경은 당시 예수님의 사역을
이렇게 묘사하고 있습니다.

마침 그 때에 예수께서 질병과 고통과 및 악귀 들린 자를 많이 고치시며 또 많은 맹인을 보게 하신지라.　　　　　눅 7:21

세례 요한이 제자들을 통해 던진 질문에 대해 예수님은 자신이 바로 그 메시아, 참 구원자임을 확인하면서, 지금 자신을 통해 이루어지고 있는 하나님의 다양한 구원 역사를 열거하는 것으로 자신의 대답을 대신합니다.

……너희가 가서 보고 들은 것을 요한에게 알리되 맹인이 보며 못 걷는 사람이 걸으며 나병환자가 깨끗함을 받으며 귀먹은 사람이 들으며 죽은 자가 살아나며 가난한 자에게 복음이 전파된다 하라.　　　　　눅 7:22

예수님은 나사렛 회당에서 인용한 이사야의 예언을 상기시키면서 사 61:1-3, 눅 4:15-21 자신이 바로 구약성경에 약속된 그 메시아, 참 구원자라고 대답했습니다.

여기에서 우리는 하나님의 구원 역사가 우리 몸을 떠나서 어떤 신비한 영적 영역에서 이루어지는 것이 아니라, 바로 우리 몸을 통해서, 우리 몸의 치유를 통해서 펼쳐진다는 사실에 주목할 필요가 있습니다. 말하자면, 한국 교회는 영혼 구원이라는 개념을 자주 몸과 별개로 생각하는 경향이 있는데, 이것은 예수님의 구원 사역의 구체적인 내용에 비추어 볼 때 심각한 결함을 안고 있습니다. 예수님의 이야기에서 하나님의 구원이 가장 잘 나타난 대표적인 사례는 다양한 질병으로 고통 받고 있는 몸을 치유하는 이적들입니다. 물론 성경은 영혼 사랑을 말하고 또한 강조하고 있습니다. 하지만 성경에서 '영혼'은 인간 존재의 특별한 한 차원을 말하는 것이 아니라 인간의 전 존재를 가리킵니다. 몸으로부터 분리된 영혼, 다른 사람들과 분리된 개인, 자연과 분리된 인간 개념은 다시 말하지만 성경의 영혼 개념과 전혀 다릅니다.

동일한 맥락에서 성경이 우리에게 약속하고 있는 마지막 구원은 몸과는 상관없이, 다른 사람과의 관계, 자연과의 관계와는 상관없는 홀로 완전한 원자적 영혼의 불멸이 아닙니다. 예수 그리스도 안에서 우리에게 약속된 구원은 자연을 필요로 하고 다른 사람들과의 관계를 떠나서는 존재할 수 없는 '우리 몸의 부활'입니다. 그리고 몸의 부활은 새 하늘과 새 땅의 창조와 함께 완성됩니다. 우리의 몸에는 삶의 역사, 관계의 역사, 심지어는 영혼의 역사까지 모두 축적되어 담겨 있습니다. 몸의 부활은 예수 그리스도의 부활을 통해서 약속되고 확증되며, 보증되고 선취된 하나님의 구원의 궁극적인 모습입니다. 이 점에서 질병의 치유란 몸의 부활이라는 궁극적인 구원을 지금 이곳에서 미리 맛보는 것이라고 말할 수 있습니다.

·

질병이 우리에게서 앗아가는 것들

질병은 하나님 나라의 큰 걸림돌입니다. 질병은 우리 삶의 많은 것을 한순간에 빼앗아 버리기 때문입니다. 욥의 이야기에서 볼 수 있듯이, 질병은 마귀가 생명을 괴롭히고 파괴하는 가장 대표적인 수단입니다. 질병을 병마病魔라고 부르는 이유가 바로 그 때문입니다. 예수님은 공생애 기간 동안 질병을 치유하는 일에 상당한 시간과 에너지를 할애했습니다. 어떤 면에서 볼 때, 질병의 치유는 예수님의 하나님 나라 운동의 핵심이었다고 말할 수 있습니다.

　어느 날 아끼는 동생에게서 전화가 걸려 왔습니다. 갑

자기 눈에 이상이 생겼다는 것입니다. 한쪽 눈이 완전히 캄 캄해져서 아무것도 보이지 않는다는 것이었습니다. 가슴이 철렁 내려앉았습니다. 직장에서 일하는 도중에 생긴 일이었 습니다. 도대체 무슨 일인지 짐작하기가 어려웠습니다. 우 선 퇴근하자마자 가까운 곳에 있는 안과를 찾아가겠다고 했 습니다. 병원에 가서 진료를 받은 다음 다시 연락하기로 하 고 전화를 끊었습니다. 다시 전화가 올 때까지 기다리면서 얼마나 마음을 졸였는지 모릅니다. 서너 시간 있다가 전화 가 다시 걸려 왔습니다. 망막박리라고 했습니다. 곧 수술해 야 하는데 보호자로 와 줄 수 있느냐고 물어 왔습니다. 다행 히 일찍 병원을 찾아 수술만 잘 끝나면 시력을 잃지는 않을 것이라고, 다만 한두 달 동안은 절대 안정을 취해야 한다고 말했습니다.

짧은 시간 동안 머릿속에 많은 생각이 스쳐 지나갔습니 다. 혼자서 살고 있는 상황에서 외출을 자제하고 절대 안정 을 취해야 한다면 식사 문제는 어떻게 해결할는지 걱정되었 습니다. 불편한 몸으로 병원에 정기적으로 다니는 일도 염 려가 되었습니다. 또한 이 일로 인해 직장 생활에도, 중요한 시험을 준비하는 일에도 차질이 생겼습니다. 당연히 생활

비, 대인 관계, 연애와 결혼 등의 문제도 영향을 받게 되었습니다. 무엇보다 삶의 의욕을 상실하게 될까 봐 가장 큰 염려가 되었습니다.

　이처럼 질병이나 장애가 있는 사람들은 일반적으로 다른 건강한 사람들보다 죽음과 더 가까운 삶을 살아갑니다. 이것은 단순히 간혹 심각한 질병이 죽음으로 이어진다는 사실 때문만이 아닙니다. 사실 모든 사람이 죽지만, 자신이 죽을 때를 미리 알고 사는 사람은 거의 없습니다. 그래서 건강한 사람들은 자신의 죽음을 대체로 의식하지 않고 살아갑니다. 하지만 심각한 질병을 진단받은 사람들은 다른 사람들보다 훨씬 더 죽음을 가깝게 느끼고, 죽음의 순간을 내다보며 하루하루를 살아갑니다. 그뿐 아니라, 질병이나 장애를 가지게 된 사람들은 건강할 때 할 수 있었던 많은 것을 포기하며 살아갑니다. 당장에 잠자리에 눕는 일부터 시작해서 자신의 몸을 씻는 일, 화장실을 가는 일, 식사를 준비하고 먹는 일, 외출하는 일까지, 가장 일상적인 일에서 큰 불편을 겪어야 합니다. 게다가 질병이나 장애로 인해 직장을 구하는데 차별을 받기도 하고 직장 생활을 일찍 그만두기도 합니다. 이로 인해 자아실현의 기회는 물론이고 생계의 어려움에 직면하기도 합니다. 눈에 보이는 질병이나 장애가 있는 사람이 결혼을 하고 가정을 꾸리는 데 있어 그렇지 않은 사람보다 훨씬 더 큰 어려움을 겪는 이유가 무엇일까요? 또한 독감과 같은 전염성이 높은 질병에 걸린 환자들은 격리되어 사람들과의 관계가 단절되기도 합니다. 질병과 장애가 있는 사람들은 이런저런 이유로 알게 모르게 사회적으로 차별을 받고 있으며, 그로 인해 하나님이 약속하신 풍성한 생명을 누리는 것에 있어 상당한 제약을 당하고 있습니다.

●

내가 원하노니 깨끗함을 받으라

누가복음 5장 12-16절은 예수님이 어느 동네에서 한 한센병 환자를 만난 이야기를 기록하고 있습니다. 한센병으로 온몸이 상한 그 사람은 예수님을 보고 엎드려 이렇게 말합니다. "주여 원하시면 나를 깨끗하게 하실 수 있나이다." 그러자 예수님은 그 환자에게 손을 대시며 말합니다. "내가 원하노니 깨끗함을 받으라." 이 말 한마디에 병이 떠나가고, 예수님은 그 사람에게 병이 깨끗하게 나았음을 제사장에게 보여 확인하라고 명합니다.

익숙한 이 이야기에서 우리는 당시 사람들에게 이 장면이 상당한 충격을 가져다주었다는 사실을 꼭 기억해야 합니다. 한센병 환자가 가까이 다가올 때 예수님이 그 사람을 멀리하거나 물리치지 않았다는 사실이 첫 번째 충격이었고, 예수님이 굳이 그 환자에게 손을 내밀어 댄 것이 두 번째 충격이었습니다. 왜냐하면 당시 한센병 환자는 부정한 사람으로 여겨졌고, 부정한 사람과 접촉한 사람 또한 부정하게 된다는 율법적 사고가 널리 퍼져 있었기 때문입니다. 정결한 것과 부정한 것을 이분법적으로 분리하는 율법적 사고는 한센병 환자를 부정한 사람으로 정죄하고 차별하는 이념으로 작용했습니다. 말하자면, 한센병 환자는 병 자체가 주는 육체적 고통에 더하여 정죄와 차별이라는 사회적 폭력으로 인해 정신적 고통을 함께 겪고 있었습니다.

예수님은 육체적 고통에 더하여 정신적 고통으로 인해 억눌려 있는 한센병 환자가 다가오는 것을 마다하지 않으십니다. 오히려 그 사람에게 더욱 가까이 다가가 손을 대십니다. 당시 바리새인을 비롯한 경건한 유대인들이 '접촉을 통한 오염'을 두려워하여 정죄와 차별의 이념과 제도를 강화시켰다면, 예수님은 그 반대로 '접촉을 통한 성화, 치유, 회복'을 추구하면서 정죄와 차별의 이념과 제도를 허물어뜨렸습니다. 사실 예수님은 말 한마디만으로도 충분히 환자를 낫게 할 수 있었을 것입니다. 하지만 환자에게 굳이 손을 대는 행위를 통해 환자가 부정하지 않다는 것을 상징적으로 보여주었습니다. 예수님은 이 손대는 행위를 통해 주변 사람들에게 이 사람을 정죄하거나 차별하지 말라고, 멀리하지 말라고 말하고 있었던 것입니다. 결정적으로 예수님은 환자에게 깨끗이 치료되었다는 사실을 제사장에게 가서 반드시 확인받을 것을 명령했습니다. 당시 제사장은 질병의 완치를 판정하는 오늘날의 의사 역할을 감당했습니다. 질병의 완치 판정은 단순히 건강한 몸의 회복을 확인하는 것뿐 아니라, 사회적 정죄와 차별의 명분을 제거함으로써 일상적인 공동체 생활로의 복귀를 허락하는 의미도 포함하고 있었습니다.

메르스와 한국 교회

지난 2015년 한국 사회는 메르스 사태로 큰 고통을 경험했습니다. 경기 침체로 사회 전체가 힘들었다고 말할 수도 있지만, 아무래도 가장 힘들었던 사람은 메르스 판정을 받은 환자들과 메르스 의심 증세가 있어 격리 치료를 받은 사람들이 아니었을까 생각합니다. 메르스 환자들이 겪은 고통은 단순히 메르스 바이러스가 주는 육체적 고통만이 아니었습니다. 육체의 통증도 컸고 그 와중에 목숨을 잃은 분들도 적지 않았습니다. 하지만 육체의 통증만큼이나 힘겨웠던 것은 관계 단절의 고통이었습니다.

당시 메르스 환자가 발생했다는 소식이 전해지면 그 환자의 가정은 물론이고 그가 최근 돌아다닌 동선을 따라 병원, 아파트, 학교, 직장 등 모든 곳에서의 이목이 그 환자에게 주목되었습니다. 자신의 잘못으로 바이러스에 감염된 것도 아닌데 주변 사람들로부터 소외되고 격리되고 죄인 취급받으며 따가운 눈총을 견딜 수밖에 없었던 그분들의 심정을 우리는 짐작해 볼 수 있을까요? 갑작스레 메르스 판정을 받아, 곧바로 격리되었다가 가족들과 마지막 작별을 할 시간도 갖지 못하고 숨이 끊어진 분들이 있다는 안타까운 소식도 들었습니다. 메르스 사태로 많은 학교가 휴교령을 내렸고 교회들 역시 공동체 활동을 많이 축소했습니다.

메르스 판정을 받은 후에 완치 진단을 받고 퇴원한 사람들의 삶은 어떠했을까요? 아마도 정상적인 사회생활, 가정생활, 심지어 정상적인 교회 생활로 돌아가는 데 적지 않은 시간이 요구되었을 것 같습니다. 그뿐 아니라, 메르스 판정을 받지는 않았지만, 발열과 기침 등 메르스 의심 증세를 보인 사람들마저도 여러 형태의 공동생활에 큰 지장을 받았습니다. 자신들은 괜찮다고 생각해도 주변에서 그 사람들을 평소처럼 대하지 않고 가까이하기를 꺼렸기 때문입니다. 요컨대, 메르스 환자들의 상황은 예수님 시대 한센병 환자의 상황과 매우 비슷했다고 말할 수 있습니다.

한편, 메르스 사태가 발생했을 때 모든 사람이 메르스 환자나 의심자를 멀리한 것은 아닙니다. 그때 이 환자들을 돌본 의사들과 간호사들이 많이 있었습니다. 이들은 감염 위험과 그로 인한 죽음의 위협을 충분히 인식하면서도 환자들과 같이 자신의 가족들과 떨어져 격리된 생활을 자처했습니다. 이들의 헌신적인 희생이 없었다면 메르스 사태는 아마도 한국 사회를 더욱더 힘들게 만들었을 것입니다. 하지만 자신의 목숨까지도 내어놓기를 각오한 이분들의 수고 덕분에 많은 환자가 건강을 회복하고 생명을 다시 찾았으며, 우리 사회 또한 정상적인 모습을 되찾을 수 있었습니다. 메르스 사태에서 의사들과 간호사들이 보여준 헌신과 희생은 한센병 환자에게 손을 내밀어 대고서 병을 고친 예수님의 모습을 떠올리게 합니다. 또한 의료인들의 완치 판정을 기다렸던 메르스 환자들의 그 간절한 마음은 제사장에게 보여 병이 떠났음을 확인받고자 했던 한센병 환자의 마음과 다르지 않았을 것입니다. 완치 판정을 받아야만 비로소 가정으로, 직장으로, 사회로, 교회로 돌아갈 수 있는 근거와 명분을 얻을 수 있었기 때문입니다.

●

일어나 네 침상을 가지고 집으로 가라

누가복음 5장은 앞서 언급한 한센병 환자 이야기에 이어 예수님과 한 중풍병자의 만남을 기록하고 있습니다. 눅 5:17-26

자기 몸을 가누지 못하는 중풍병자를 위해 지인들이 그를 침상에 누인 채로 예수님에게 데려옵니다. 예수님은 중풍병자를 위해 중보하는 사람들의 믿음과 열정을 보시고 중풍병자를 침상에서 일으켜 세우십니다.

여기에서 우리는 예수님 주변에 새로운 공동체가 만들어지는 것을 봅니다. 그 공동체는 자기 몸을 스스로 돌볼 수 없는 무력한 사람을 위한 중보 공동체였고, 죄인들을 용서하고 품에 안는 화해 공동체였으며, 육체적 질병과 사회적 차별로 고통받는 사람들을 위한 치유와 회복의 공동체였습니다. 중보자들의 믿음의 기도를 통해 하나님의 용서와 치유의 은혜가 그곳에 임하여 하나님 나라의 공동체가 만들어진 것입니다.

중풍병자는 이전까지 육체적 질병으로 인해 고통을 받았을 뿐 아니라, 하나님의 저주나 심판을 받은 자로 낙인찍혀 사회적으로나 예전적으로 차별당하고 소외당했습니다. 하지만 이제 죄 사함과 병 고침을 받고 건강한 몸을 회복한 이 사람은 하나님께서 주신 생명의 기쁨을 만끽할 뿐 아니라, 하나님을 예배하는 자리에도 두려움 없이 나아갈 수 있고 사랑하는 사람들을 마음껏 껴안을 수 있는 자유를 얻게 되었습니다. 이처럼 한 생명의 치유와 회복을 통해 중보자들의 공동체는 새 생명을 주시는 하나님의 특별한 섭리를 보게 되고 새 생명의 기운이 공동체를 가득 채우는 놀라운 은혜를 경험합니다.

예수님은 자기 몸조차 스스로 가누지 못하는 병약한 사람들, 자기 삶을 스스로 책임지지 못하는 연약한 사람들에게 다가가셨습니다. 예수님은 자신이 그들을 위해, 또한 그들의 치유와 회복을 위해 이 땅에 오셨다고 말씀하셨습니다. 예수님은 죄인들이 용서받고, 병자들이 치유되고, 연약한 자들이 힘을 얻고, 작은 자들이 대접받는 새로운 공동체를 만들기 위해 이 땅에 오셨습니다. 예수님은 죄 사함과 병 고침이 있는 그곳에 하나님의 나라가 임하고 있다고 선포하셨습니다. 바로 그곳에 하나님 나라의 풍성한 생명과 감격스러운 기쁨이 넘쳐나기 때문입니다.

중풍병자 이야기에서 우리는 중보자들의 역할에 주목해야 합니다. 중풍병자의 치유 이야기는 중보자들이 없었다면 전혀 불가능한 이야기입니다. 예수님께서 이 땅에 오신 목적을 알며, 치유와 회복의 새로운 공동체에 대한 예수님의 꿈을 아는 중보자들이, 고통받는 한 사람을 예수님에게 데려오는 데서부터 하나님 나라의 이야기, 치유와 회복, 생명과 기쁨의 이야기는 시작됩니다.

나는 이 중풍병자의 이야기가 오늘 우리 가운데, 각자가 속한 마을 공동체와 신앙 공동체 가운데 반복되기를 간절히 소망하고 있습니다. 우리 마을 공동체, 우리 교회 공동체 가운데 하나님의 죄 용서와 병 고침의 감격스러운 역사가 많이 나타나길 기대합니다. 이 일을 위해서 나는 중보자가 되고 싶습니다. 이 일을 위해서 여러분이 나와 함께 중보자가 되셨으면 좋겠습니다.

•

질병이나 장애가 생겼을 때

혹시 나에게 또는 주변 사람에게 질병이나 장애가 생긴다면 어떻게 해야 할까요? 우선은 질병과 장애의 치유를 위해 기도해야 합니다. 그리고 의학적 방법뿐 아니라 가능한 모든 방법을 동원해서 치유를 위해 노력해야 합니다. 질병과 장애의 치유를 위해 기도하고 노력하는 것은 기복적인 신앙이 아니라, 예수님이 행하신 구원의 활동들을 기억하고 지금도 역사하시는 성령 하나님이 우리 가운데 동일한 구원을 베풀어 주시길 소망하는 살아있는 참 신앙입니다. 동시에 그것은 하나님 나라를 지금 이곳에서 맛볼 수 있다고 여기는 믿음의 표현이기도 합니다. 우리는 질병과 장애의 치유를 위해 기도해야 하고, 특별히 교회 공동체 안에서 합심하여 기도해야 합니다. 우리 교회 공동체는 하나님의 치유와 이적과 표적이 나타나는 공동체, 그리하여 하나님 나라의 구원의 기쁨을 미리 맛보는 공동체가 되어야 합니다.

한편, 우리는 기도를 함에도 불구하고 질병과 장애가 모두 깨끗하게 낫지 않는다는 사실을 분명하게 직시할 필요가 있습니다. 분명 하나님은 지금도 살아계시고 질병과 장애를 치유하고 계시지만, 모든 사람의 질병을 항상 치유해 주시지는 않는 것 같습니다. 여기에서 누군가 "왜?"라는 질문을 던지면 대답하기가 참 어렵습니다. 다만 한 가지 말할 수 있는 것은 질병과 장애가 우리의 생명을 파괴하는 마귀의 도구이며, 하나님의 나라는 그 질병과 장애의 치유를 통해 우리 가운데 임하는 분명한 진리라는 사실입니다. 여기서 기억해야 할 한 가지는 치유만으로 하나님 나라가 완성되지 않고 반대로 치유가 되지 않았다고 해서 하나님 나라

를 경험하지 못하는 것은 아니라는 사실입니다. 당장 우리
의 질병과 장애가 치유된다고 해서 죽음까지 피할 수는 없
습니다. 질병과 장애를 안고서도, 때로는 질병과 장애를 계
기로 하나님을 만나고 하나님 나라를 경험하는 사람들이 우
리 주변에는 많이 있습니다.

　　질병과 장애가 생겼을 때 우리는 먼저 치유를 위해 기
도하고 노력해야 합니다. 하지만 그것만이 질병과 장애를
이기는 유일한 길은 아닙니다. 말하자면, 질병과 장애가 치
유되지 않는다고 무조건 절망할 일이 아니라는 것이죠. 우
리는 치유를 위한 기도와 노력에 더하여, 질병과 장애를 안
고 살아가는 길마저도 모색해야 합니다. 암 환자 중에는 수
술을 통해 암을 제거하는 것보다 오히려 기존의 암을 잘 통
제할 수만 있다면 암을 제거하지 않고 살아가는 편이 더 낫
다고 말하는 분들도 있습니다. 혹 시한부 판정을 받았다면
당연히 치유를 위해 기도하고 노력해야 하지만, (정말 조심
스러운 이야기이지만) 동시에 남은 인생을 어떻게 하면 하나
님 앞에서 아름답게 마무리할 수 있을지에 대해서도 함께
고민할 필요가 있습니다. 질병과 장애는 우리의 생명을 파
괴하는 마귀의 도구이지만, 우리는 그 마귀의 책략에 넘어

가 좌절하거나 낙심하거나 절망하지 말아야 합니다. 오히려 그리스도인들은 이 악을 더 큰 선을 이루는 계기로 삼아야 합니다. 큰 화상을 입었지만, 그 상처를 이겨내고 하나님의 사랑의 복음을 전하는 이지선 대표처럼, 시한부 선고를 받았지만, 끝까지 사역지를 지키며 누구보다도 아름답게 인생을 마무리한 이태석 신부님처럼, 우리는 질병과 장애에도 불구하고 죽음의 그늘에서 사는 것이 아니라 하나님 나라를 미리 앞당겨 맛보는 삶을 살아야 합니다. 바울이 육체의 가시를 두고 세 번씩이나 하나님께 간절하게 기도를 드렸지만, 하나님은 바울의 질병을 치유해 주시지 않았습니다. 하지만 결국 바울은 육체의 가시를 안고 살아가는 법을 터득했습니다. 고후 12:7-10

　　동일한 맥락에서 우리 주변의 질병이나 장애가 있는 사람들을 대할 때 우리에게는 두 가지 자세가 모두 필요합니다. 하나는 질병과 장애의 치유를 통해 하나님 나라의 능력과 구원을 경험하도록 기도하는 것이고, 다른 하나는 질병과 장애를 안고서도 하나님 나라의 기쁨과 감격을 누릴 수 있는 방법을 찾게끔 돕는 것입니다. 질병이나 장애가 있는 사람들을 차별하지 말아야 합니다. 여기에서 차별하지 않는다는 것은 다른 건강한 사람과 똑같이 대우한다는 것을 말하는 것이 아니라 다른 사람들보다 우선적으로 더 많이 배려하고 돌봐야 한다는 뜻입니다. 그렇게 해야 그나마 공평한 대우를 받을 수 있기 때문입니다. 또한 질병과 장애로 인해 발생한 경제적 어려움을 돕는 것도 한 방법입니다. 관계 단절로 외로움을 느끼는 이들의 따뜻한 친구가 되어 주는 것도 한 방법입니다. 시각 장애인에게 눈이 되어 주고, 청각 장애인에게 귀가 되어 주고, 지체 장애인에게 발이 되어 주는 것도 한 방법입니다. 이것이 바로 예수님이 그러했던 것처럼 질병과 장애가 있는 사람들에게 하나님 나라의 복음을 전하는 일이 아닐까요?

눈물로 세상을 끌어안다

09
....

예수님의 십자가에서 우리가 더 주목해야 할 점은
완악한 세상이 사랑의 하나님을 찌르기 위해 칼을 집어 들었을 때
하나님께서는 그 칼을 피하지 않고
오히려 그 세상을 더 세게 품으로 끌어안으셨다는 사실입니다.

유대인의 왕, 죽음을 부르는 이름

흑암의 땅, 사망의 그늘진 곳에 앉은 사람들에게 생명의 빛을 가져다준 예수님의 하나님 나라 운동은 가난한 사람들, 병약한 사람들, 억눌린 사람들에게서 열렬한 환호를 받았습니다. 하지만 예수님의 이름이 알려지고 일반 백성 안에 예수님을 따르는 무리가 많아지자, 그분의 일거수일투족을 주목하며 정죄할 빌미를 찾는 사람들이 생겨나기 시작했습니다. 예수님을 찾고 의지하는 사람이 많아질수록 그분과 그분의 하나님 나라 운동을 반대하는 세력 또한 더욱 커졌습니다. 말하자면, 예수님은 모든 사람과 생명을 사랑했지만 모든 사람이 예수님을 사랑한 것은 아닙니다. 분명 예수님을 사랑한 사람이 예수님을 미워한 사람보다 훨씬 더 많았을 것입니다. 하지만 예수님을 미워한 소수의 힘이 예수님을 사랑한 다수의 힘보다 훨씬 강했습니다. 결국 예수님을 못마땅하게 여긴 소수의 힘센 사람들이 그분을 죽이기로 결심하고 이를 실행에 옮겼습니다. 예수님을 사랑한 힘없는 사람들은 이 불의하고 끔찍한 비극 앞에서 가슴을 치고 탄식하는 것 외에 아무것도 할 수 있는 게 없었습니다.

사실 예수님에게 닥친 비극은 그분께서 이 땅에 태어날 때부터 이미 예견된 일이었습니다. 예수님이 태어날 무렵 동방의 박사들은 헤롯 왕을 찾아가 "유대인의 왕으로 나신 이가 어디 계시냐"고 물었습니다. 헤롯 왕은 자신이 알지 못하는 '유대인의 왕'을 죽이기 위해 베들레헴의 갓난아이들을 무참히 살육했습니다. 예수님이 십자가에 달렸을 때 그 십자가에 적힌 죄목은 '나사렛 예수, 유대인의 왕'이었습니다. '유대인의 왕'이라는 문구는 예수님의 십자가 죽음과 베들레헴 갓난아이들의 죽음이 깊이 연관되어 있음을 말해 줍니다.

예수님이 십자가에 달리시기 이전부터 예수님은 물론 그분의 제자들도 하나님 나라 운동에 대한 적대적인 기운을 이미 감지하고 있었습니다. 그리고 예수님을 반대하는 권력자들이 모여 있는 예루살렘에 올라가는 것이 얼마나 위험천만한 일인지도 잘 알고 있었습니다. 그런데도 예수님은 유월절 축제를 앞두고 호랑이 굴과 같은 예루살렘에 올라가기로 결심했습니다. 이방 땅으로 나아가는 길목에 위치한 가이사랴 빌립보에서 베드로는 예수님의 정체에 관한 역사적인 신앙 고백을 했습니다. 그때 예수님은 예루살렘으로 올라가겠다는 결심을 제자들에게 밝히는 동시에, 예루살렘에서 자신에게 닥칠 수난을 미리 내다보며 예언했습니다. 그러자 제자들은 예루살렘으로 향하는 예수님의 발길을 막아섰습니다. 여기서 예수님의 수난 예고와 제자들의 저지 시도는 예루살렘 지도자들이 예수님에게 적대적이었다는 사실을 예수님과 제자들도 이미 알고 있었다는 사실을 고려할 때 충분히 이해할 수 있습니다.

·

눈물을 흘리는 예수님

예수님은 유월절 명절을 지키기 위해 예루살렘에 들어갈 때 어린 나귀를 탔습니다. 그분을 좋아하고 따르는 제자의 무리가 큰 소리로 하나님을 찬양하며 예수님의 입성을 환영했습니다.

> 이르되 찬송하리로다. 주의 이름으로 오시는 왕이여, 하늘에는 평화요 가장 높은 곳에 영광이로다 하니.　　눅 19:38

제자들의 이 찬송은 예수님이 태어날 당시 천군 천사들이 들판의 목자들 앞에서 불렀던 찬송의 메아리와 같습니다.

> 지극히 높은 곳에서는 하나님께 영광이요, 땅에서는 하나님이 기뻐하신 사람들 중에 평화로다 하니라.　　눅 2:14

예수님을 따르던 사람들은 평화의 도성 예루살렘에 입성하는 평화의 왕 예수님을 열렬히 환호했습니다. 제자들의 환호는 마치 개선장군의 귀환이나 새로운 왕의 즉위를 환영하는 소리 같았습니다. 그래서인지 어떤 바리새인들은 예수님에게 협박하듯이 제자들을 책망할 것을 주문했습니다. 제자들의 환호가 예루살렘 지도자들의 눈에 어떻게 보일는지 충분히 짐작할 수 있었기 때문입니다. '유대인의 왕', 예수님이 태어났다는 소식이 헤롯 왕에게는 어떻게 받아들여졌을지 떠올려 보기 바랍니다. 하지만 예수님은 "만일 이 사람들이 침묵하면 돌들이 소리 지르리라"눅 19:40고 말하면서 이번에는 예루살렘 지도자들과의 충돌을 회피하지 않겠다는 의지를 분명히 합니다.

어린 나귀의 등에 올라타고 제자들의 환호 속에서 예루살렘 성에 들어서는 예수님의 마음은 어떠했을까요? 귀환하는 개선장군이나 즉위하는 새 왕처럼 기대와 흥분에 휩싸여 있었을까요? 전혀 아닙니다. 오히려 예수님은 비장했습니다. 그분은 자신을 반대하는 세력이 모여 있는 도성에 들어설 때부터 자신을 통해 나타난 하나님의 뜻을 거부하는 세력이 자신을 죽이기로 계획하고 있다는 사실을 이미 알고 있었습니다.

사실 예수님이 그토록 비장한 결심을 하고서 굳이 예루살렘에 들어선 이유는 예루살렘을 향한 하나님의 특별한 관심과 사랑 때문이었습니다. 누가복음은 예수님이 평화의 도성 예루살렘 성에 가까이 왔을 때 눈물을 흘렸다고 증언하고 있습니다.

가까이 오사 성을 보시고 우시며. 눅 19:41

성경에서 예수님이 눈물을 흘린 장면을 다룬 본문은 그렇게 많지 않습니다. 나사로가 죽었을 때 예수님이 마리아 앞에서 눈물을 흘렸다는 기록 외에는 찾아보기가 어렵습니다. 요 11:35 그런데 예루살렘으로 향하는 길에서 예수님은 그 성을 바라보며 우셨습니다.

……너도 오늘 평화에 관한 일을 알았더라면 좋을 뻔하였거니와 지금 네 눈에 숨겨졌도다. 눅 19:42

이어서 예수님은 예루살렘 성의 멸망을 예언했습니다. 눅 19:43-44 스스로 멸망을 자초하는 평화의 도성을 내려다보면서 예수님은 안타까운 마음에 울음을 참을 수 없었습니다. 하나님의 도성의 심판과 멸망을 미리 내다보는 예수님의 두 눈에는 눈물이 흥건했습니다.

•

어미닭의 피눈물

마태복음에도 역시 예수님의 생애 마지막 일주일 중 예루살렘을 바라보며 탄식하는 그분의 모습이 기록되어 있습니다.

> 예루살렘아 예루살렘아, 선지자들을 죽이고 네게 파송된 자들을 돌로 치는 자여, 암탉이 그 새끼를 날개 아래에 모음 같이 내가 네 자녀를 모으려 한 일이 몇 번이더냐. 그러나 너희가 원하지 아니하였도다. 보라 너희 집이 황폐하여 버려진 바 되리라.
>
> 마 23:37-38

여기에서 예수님이 예루살렘을 바라보는 자신의 마음을 암탉, 새끼를 품으려는 어미닭에 비유하여 묘사하고 있다는 사실이 매우 흥미롭습니다. 한편 어미닭 비유를 가만히 들여다보면 이 비유가 그다지 낭만적이지 않다는 사실을 곧 알게 됩니다. 새끼를 바라보는 어미닭의 얼굴에는 잔잔한 행복의 미소가 아닌 안타까움과 분노의 피눈물이 흐르고 있기 때문입니다.

사실 마태복음 23장은 예수님의 가르침 가운데 가장 과격하고 험악한 저주의 말들을 담고 있습니다. 29절에서 예수님은 당시 종교지도자들을 저주합니다. "화 있을진저, 외식하는 서기관들과 바리새인들이여." 33절에서는 더 독한 단어를 사용합니다. "뱀들아, 독사의 새끼들아, 너희가 어떻게 지옥의 판결을 피하겠느냐" 산상수훈에서 예수님은 이웃을 향해 '미련한 놈'이라고만 해도 지옥불에 들어갈 것이라고 말씀합니다. 그런데 여기서 예수님은 서기관과 바리새인을 향해 '독사의 자식'이라고 부르며 저주를 퍼붓습니다.

이 과격한 표현에서 여러분은 예수님의 어떤 마음이 느껴집니까? 내가 다섯 살 때쯤 한번은 거짓말을 했다가 어머니에게 심하게 혼난 적이 있습니다. 집 바로 옆에 과수원이 있었는데 어머니가 사과나무 가지로 회초리를 만들어서 나의 종아리를 때렸습니다. 그때 나는 너무 아파서 눈물을 흘렸고, 어머니도 못난 자식을 향한 안타까운 마음에 눈물을 터트리셨습니다. 나는 마태복음 23장에 기록된 예수님의 독한 말속에서 나를 벌하면서 눈물을 흘리셨던 어머니의 마음을 느낄 수 있습니다.

예루살렘을 향한 예수님의 마음은 단순하지 않고 복잡

했습니다. 그들은 하나님께서 친히 낳으신 결코 포기할 수 없는 그분의 백성이었고, 한편으로는 하나님의 사랑을 끝내 거부하고 스스로 멸망을 자초한 어리석고 못난 백성이었습니다. 예수님에게는 자식을 향한 다함없는 사랑의 마음도 있었지만, 동시에 사랑을 거부하는 자식을 향한 분노의 마음도 있었습니다. 그런데 이 두 마음, 사랑과 분노는 서로 충돌하는 모순된 감정이 아닙니다. 실은 예수님의 한가지 마음을 표현하고 있습니다. 안타까움이란 감정은 하나님의 두 마음을 함께 이해할 수 있는 실마리를 제공해 줍니다. 예루살렘을 향한 하나님의 마음은 한마디로 안타까움입니다. 너무나 사랑하기에 안타까운 것이죠. 안타까운 마음이 지나쳐서 분노의 감정으로 표출된 것입니다.

그렇기 때문에 예수님이 쏟아낸 저주와 심판의 언어는 문자적으로만 해석하면 안 됩니다. 어미닭의 비유를 염두에 두고서 다시 읽어야 합니다. 자기 새끼가 아무리 미워도 어미닭은 자기 새끼가 심판을 받고 멸망에 이르는 것을 원치 않습니다. 돌이켜 회개하고 어미의 품으로 돌아오기를 원합니다. 마찬가지로 하나님은 자신이 수백억 년의 산고를 통해 손수 빚으신 백성이 자기 품을 떠나 멸망을 자초하는 걸

가만히 지켜보고만 있을 수 없었습니다. 예수님이 쏟아낸 분노와 심판의 언어 이면에는 자기 백성의 온전한 구원을 간절하게 소망하는 하나님의 사랑과 열정, 그리고 자신의 사랑을 거부하는 이 땅의 백성을 향한 하나님의 안타까운 마음이 자리하고 있습니다.

●

거룩한 분노에 사로잡힌 예수님

예루살렘을 향한 예수님의 이 같은 복잡한 심경은 예루살렘에 입성한 다음 있었던 성전 정화 사건을 이해할 수 있는 중요한 단초를 제공합니다.^{막 11:15-18} 예수님은 성전에 들어가 그 안에서 매매하는 사람들을 내쫓고 환전하는 사람들의 상과 비둘기를 파는 사람들의 의자를 둘러엎었습니다. 그리고 '만민의 기도하는 집'이 되어야 할 하나님 아버지의 집이 '강도의 소굴'이 되고 말았다고 탄식했습니다. 예수님의 이러한 행동과 발언은 당시 성전 체제의 지도자들, 곧 대제사장들과 서기관들의 공분을 샀고, 그들은 어떻게 하면 예수님을 죽일 수 있을까 모의하기 시작했습니다. 어떻게 보면, 이 성전 정화 사건이 예수님의 십자가 죽음을 재촉하는 결정적인 계기가 되었다고 볼 수 있습니다.

이 장면에서 우리는 거룩한 분노에 사로잡힌 예수님의 낯선 모습을 대면합니다. 온유한 예수님이 이번에는 정말 화가 난 것처럼 보입니다. 하지만 여기에서 예수님이 상인들을 내쫓고 환전상들과 비둘기 판매인들의 탁자와 의자를 둘러엎은 것은 누군가에게 해를 끼치는 폭력적인 행위와는 아무런 상관이 없음을 기억할 필요가 있습니다. 사실 예수님의 행동은 상징적인 행동을 통해 하나님의 말씀을 대언했던 구약 시대 예언자들의 행위 예언의 연속선상에서 이해해 볼 수 있습니다. 다시 말해, 예수님의 이같이 과장된 행동은 탐욕이 지배하는 당시의 성전 체제에 대한 하나님의 거룩한 분노를 가시적으로 드러내 보여주는 일종의 '시위'였습니다. 이런 점에서 예수님의 성전 정화 사건은 예루살렘 성전의 멸망에 대한 예수님의 구두 예언^{막 13:1-2}과 궤를 같이하고 있습니다.

아울러 우리는 성전 정화 사건에서 예수님이 보인 거룩한 분노를, 앞서 살펴본 어미닭의 마음과 연결해서 이해할 필요가 있습니다. 성전 체제의 지도자들과 그 체제에 기생해서 사는 사람들을 향해 예수님이 표출한 의분의 이면에는 하나님의 집에 대한 거룩한 열심, 기도하는 모든 사람에 대한 긍휼한 마음, 탐욕에 사로잡혀 하나님의 집을 어지럽히는 사람들에 대한 안타까운 마음 등이 자리하고 있었습니다. 예루살렘 성전의 심판과 멸망에 대한 예수님의 분노에 찬 예언은 어떤 운명론적인 미래 사실의 선포가 아니라, 예루살렘 성전 지도자들의 회개를 촉구하는 데 궁극적인 목적을 두고 있었습니다. 하지만 행위 예언을 통한 예수님의 이 마지막 회개 촉구에도 불구하고 예루살렘 성전의 지도자들은 오히려 현 체제를 고수하기 위해 체제를 위협하는 예수님을 제거하기로 결심했습니다.

.

십자가에 달리신 하나님

결국 예수님의 십자가는 하나님 나라의 복음을 거부하는 죄악된 세상이 하나님의 아들을 거부하고 내버린 사건이라고 볼 수 있습니다. 하지만 예수님의 십자가에서 우리가 더 주목해야 할 점은 완악한 세상이 사랑의 하나님을 찌르기 위해 칼을 집어 들었을 때 하나님께서는 그 칼을 피하지 않고 오히려 그 세상을 더 세게 품으로 끌어안으셨다는 사실입니다.

예수님의 십자가를 그린 많은 그림 가운데 나는 십자가에 달린 예수님의 두 손을 받치고 뒤에 선 하나님이 함께 묘사된 그림을 참 좋아합니다. 이 그림에서 나는 예수님이 십자가에 달려 고통당할 때 성부 하나님 역시 아들 예수님의 고통에 동참하고 있다는 점에 주목합니다. 아버지와 아들의 얼굴 사이에는 비둘기로 상징되는 '성령 하나님'이 고통 속에 있는 아버지와 아들을 하나로 이어주고 있습니다. 십자가에서 하나님은 예수님을 결코 버리지 않았습니다. 이런 의미에서 우리는 성부 하나님이 아들과 함께 십자가에 달렸다고 말할 수도 있습니다. 성부 하나님은 십자가에서 겪은 아들의 고통과 무관하게 저 하늘에 홀로 있었던 것이 아니라 그 아들과 함께 십자가를 붙잡고 계셨습니다.

하나님은 사랑이십니다. 하나님의 사랑은 피의 희생 없이도 죄를 용서할 수 있습니다. 부모는 자식의 잘못을 용서할 때 그 책임을 엄격하게 따져 묻지 않습니다. 문제는 죄가 세상에 가져온 고통과 죽음입니다. 아버지가 아들을 십자가에 내어 준 것은 세상의 죄에 대한 책임을 아들에게 대신 묻기 위해서가 아니었습니다. 세상의 죄가 가져온 부정적인 결과로서 모든 고통과 죽음을 삼위일체 하나님께서 대신 감당하기 위해서였습니다. 성부, 성자, 성령 삼위일체 하나님은 세상의 죄악과 그 결과로 빚어진 고통과 죽음에 대한 책임을 세상에 묻지 않고, 스스로 감당하기로 결정하셨던 것입니다.

신비롭게도 예수님의 십자가를 통해서, 세상의 죄와 그 결과로 인한 고통과 죽음은 삼위일체 하나님의 영원한 삶의 일부가 되었습니다. 이로써 말씀이 육신이 되는 성육신 사건이 그 절정에 도달했습니다. 성육신의 진리는 하나님이 세상의 일부가 되었다는 것뿐 아니라, 세상이 하나님의 존재의 일부가 되었다는 사실을 담고 있습니다. 하나님은 세상의 물리적 조건뿐 아니라 죄와 고통과 죽음마저 자신의 존재의 일부로 만듦으로써 성육신의 긴 여정을 완성하셨습니다.

·

화해의 복음

삼위일체 내 성부, 성자, 성령의 관계 속에서 일어난 사건으로서의 예수님의 십자가는 삼위일체 하나님의 세계 경륜의 역사가 그리스도의 십자가를 통해서 중요한 전환점을 맞이하게 되었다는 것을 뜻합니다. 이 사건을 통해서 영원하신 하나님께서 세상의 죄악과 고통과 죽음을 자신 안으로 받아들이고, 그럼으로써 온 세상을 자신과 화해시켰습니다.

하나님 나라의 참 평화의 복음을 전한 예수님에게 내려진 십자가 사형 선고는 이 세상 속에 깊이 뿌리내리고 있는 죄의 본성, 곧 의인을 용납하지 못하고 하나님의 선한 통치를 거부하는 세상의 악한 본성을 폭로합니다. 더불어 십자가는 죄악 가운데 있는 세상을 품으시고 안으시며 끝까지 사랑하시는 하나님의 궁극적인 사랑을 계시합니다. 삼위일체 하나님은 예수 그리스도의 십자가 안에서 세상의 죄악을 자신 안으로 받아들임으로써 그 죄악을 궁극적으로 극복하고 이기는 하나님의 능력을 드러내 보여줍니다.

하나님은 예수 그리스도 안에서, 특별히 예수님의 십자

가를 통해서 세상의 죄악, 고통, 죽음을 대신 짊어지고 세상과 자신을 화해시키셨지만, 여전히 세상은 하나님의 화해를 온전히 받아들이지도, 누리지도 못하고 있습니다. 세상 도처에서 우리는 아직 하나님과 화해되지 못한, 하나님의 사랑의 통치를 받지 못하고 있는 안타까운 현실들을 대면합니다. 예수님을 통해 참 하나님을 만나지 못한 사람들이 느끼는 공허함, 허무함, 절망감, 두려움 속에서, 가난과 질병 그리고 장애로 인해 하나님이 허락한 생명을 풍성하게 누리지 못하는 사람들의 고통 속에서, 자신의 이익을 위해 서로를 헐뜯고 괴롭히고 억압하며 착취하는 폭력적인 관계 속에서, 인간의 탐욕이 부추긴 무분별한 개발로 인해 깨어지고 상한 자연 속에서 우리는 십자가에서 성취된 하나님의 화해가 아직 우리의 현실이 되지 못하고 있음을 확인합니다. 하나님께서 우리에게 화해의 직분을 맡기신 것은 바로 이러한 이유 때문입니다.

곧 하나님께서 그리스도 안에 계시사 세상을 자기와 화목하게 하시며, 그들의 죄를 그들에게 돌리지 아니하시고 화목하게 하는 말씀을 우리에게 부탁하셨느니라.　　고후 5:19

십자가의 영성

기독교 영성의 절정은 십자가입니다. 기독교의 영성은 예수님과 함께 하나님 나라를 꿈꾸게 하며 그분을 따라 십자가를 지는 삶으로 우리를 인도하며, 우리는 십자가의 삶을 통해 이 땅 가운데 하나님 나라를 이루어갑니다. 평화의 복음을 선포하고 평화의 영성을 가장 충실하게 대변한 예수님은 결국 세상의 가장 극악한 폭력의 희생자가 되었습니다. 예수님은 하나님 나라가 가까이 왔다는 복음 선포와 함께, 죄와 죽음의 세력이 우리를 분쟁과 폭력으로 내모는 세상이 조만간 끝나고 생명의 하나님이 다스리는 정의와 평화의 세상이 곧 도래하리라고 선포했습니다. 그러므로 조만간 끝이 날 작금의 분쟁, 갈등, 폭력의 논리를 좇아 살아가지 말고, 생명과 정의와 평화의 새 시대를 개척하는 사람이 될 것을 권면하였습니다.

> 화평케 하는 자는 복이 있나니, 그들이 하나님의 아들이라
> 일컬음을 받을 것임이요.   마 5:9

하지만 분쟁, 갈등, 폭력이 없는 새 시대와 정의와 평화의 나라를 꿈꾸는 일은 너무도 이상적이어서 현실적으로는 또 다른 형태의 경쟁과 갈등을 유발하게 됩니다. 정의와 평화의 나라를 꿈꾸는 사람들은 불의와 폭력의 사회 구조에 기생해서 살아가는 사람들, 곧 반평화의 세력과 충돌하지 않을 수 없습니다. 예수님이 "내가 세상에 화평을 주러 온 줄로 생각하지 말라. 화평이 아니요 검을 주러 왔노라"^{마 10:34}고 말한 이유가 바로 여기에 있습니다. 이 구절에서 '검'은 예수의 손에 잡힌 '검'을 말하는 것이 아닙니다. 그것은 평화의 복음을 전하는 예수님을 향해 반평화의 세력이 드는 검을 말합니다. 우리는 "의를 위하여 박해를 받은 자는 복이 있나니 천국이 그들의 것임이라"^{마 5:10}라는 예수님의 선언 또한 동일한 맥락에서 이해할 수 있습니다.

예수님은 사망의 땅에서 신음하는 작고 연약한 사람들에게 하나님 나라의 생명의 복음을 전하면서 동시에 이 일로 인해 자신이 겪을 박해와 수난을 미리 내다보고 있었습니다. 하지만 예수님은 자신 앞에 놓인 십자가의 길을 회피하지 않았습니다. 그분은 깨어진 세상에서 고통당하는 뭇 생명을 긍휼히 여기고 그들과 함께 애통하고 탄식하며 끝까지 그들에게 하나님 나라의 복음을 전하는 사명을 다했습니다.

　이 땅과 우리를 향한 하나님의 안타까운 마음을 우리가 헤아릴 수 있길 바랍니다. 이 땅의 현실과 백성의 삶을 둘러보시며 안타까워하시는 하나님의 마음을 이해하고, 그분의 마음으로 이 땅과 이곳의 백성을 위해 중보하는 삶을 살기를 소망합니다. 하나님께서 아들을 내어주기까지 사랑한 이 세상을 우리도 열정적으로 사랑했으면 좋겠습니다. 때로는 이 땅의 현실을 두고 예수님과 같이 화를 내기도 하고, 역정을 내기도 하며, 그만큼 더 애절하게 이 땅의 문제들을 두고 가슴 아파하고 슬퍼하며, 눈물로 기도할 수 있었으면 합니다. 하나님의 눈이 향하는 그곳에 우리의 눈이 향하고, 하나님의 마음이 닿는 그곳에 우리의 마음 또한 닿기를 바랍니다.

아름다운 사람

10
····

예수님은 팔복 선언을 통해
아름다운 사람의 모습을 말로 그려 주셨을 뿐 아니라,
친히 자신의 삶을 통해
아름다운 사람의 원형을 눈으로 직접 볼 수 있게 해주셨습니다.

아름다움을 향한 갈망

흔히 인간이 보편적으로 갈망하는 대표적인 가치를 진선미
眞善美로 요약합니다. 참된 것과 선한 것과 아름다운 것 중에
서 하나를 고르라고 한다면, 여러분은 무엇을 선택하시겠
습니까? 학부에서 철학을 공부할 때, 누구도 명시적으로 그
런 말을 한 것은 아니지만, 진선미의 순서가 막연히 가치 순
일 것이라고 생각했습니다. 지금 생각해 보면, 어설프게 공
부한 철학에서 가장 많이 다루어진 주제가 참된 것과 관련
한 진위의 문제였고, 그다음으로 선악과 관련한 문제를 가
끔 다루었습니다. 아름다움과 추함에 관한 문제는 거의 다

루지 않았던 것 같습니다. 사실 진선미 사이에 가치 순을 매기려는 시도는 그다지 바람직해 보이지 않습니다. 상황에 따라 강조하는 가치가 달라질 수는 있어도 우리에게 참됨, 선함, 아름다움이란 가치는 모두 필요한 것들입니다. 믿음, 소망, 사랑 그중에 제일이 사랑이라 할지라도, 세 가지 모두 그리스도인의 삶에 반드시 필요한 덕목인 것과 마찬가지입니다.

최근 들어, 나는 아름다움 즉 미美에 대한 관심이 새로워졌습니다. 참됨과 선함에 대해서는 많은 고민을 했는데 상대적으로 아름다움에 대해서는 고민이 없었다는 생각을 하게 되었기 때문입니다. 조금 더 시야를 넓혀 생각하면, 오늘날의 교회 역시 참과 선을 지나치게 강조한 나머지 아름다움의 가치는 상대적으로 경시하지 않았나 하는 생각도 듭니다. 그리스도의 몸된 교회가 오늘날의 위기를 극복하기 위해서는 당연히 거짓과 악함을 버리고 참됨과 선함을 회복해야 합니다. 하지만 그에 못지않게 추함을 극복하고 아름다움을 회복해야 할 필요도 있습니다. 왜냐하면 아름다움은 통상적으로 참됨과 선함보다 사람들의 마음을 더욱더 매료시키고 움직이는 힘을 가지고 있기 때문입니다. 그리스도인들이 아름다움을 회복한다면, 교회 안 사람들은 물론이고 교회 밖 사람들에게까지 감동을 줄 수 있으며, 더 나아가 아름다운 일들이 한국 교회 안에 다시 회복되어 교회로부터 등을 돌렸던 많은 사람이 다시 그리스도의 몸된 교회로 돌아올 가능성이 열릴 것입니다.

우리는 아름다운 자연을 바라볼 때 창조주 하나님의 아름다움을 생각하고 찬양합니다. 다른 한편, 우리가 살고 있는 한국 사회와 지구촌의 현실, 불의와 탐욕이 가득하고 거짓과 술수가 난무하며 물리적, 제도적, 문화적 폭력이 상존하는 세상의 추한 모습 앞에서 우리는 얼굴을 찡그리기 일쑤입니다. 조금만 더 생각하면, 그 추한 세상에 거리낌 없이 몸을 담고 또한 스스로도 추한 생각, 추한 언행을 서슴지 않는 나 자신의 모습을 볼 때면, 부끄러운 마음에 몸 둘 바를 모르겠습니다. 이와 같은 때에 우리는 아름다운 사람, 아름다운 세상을 염원하게 됩니다. 우리는 어디에서 아름다운 사람, 아름다운 세상을 만날 수 있을까요?

아름다운 몸

아름다운 사람은 무엇보다 몸이 아름다운 사람입니다. 물론 성경이 말하는 아름다운 몸은 오늘날 세상 사람들이 흔히 생각하는 그런 아름다운 몸의 모습과는 많이 다를 수 있습니다. 진정으로 아름다운 몸은 당장에 우리의 눈을 즐겁게 하는 몸이 아니라, 우리의 마음을 감동시키는 몸이기 때문입니다.

개인적으로 나는 마흔 살을 넘어서면서부터 외모에 신경을 더 쓰게 되었습니다. "마흔 살이 되면 얼굴에 책임을 져야 한다"는 말이 자꾸 떠오르기 때문입니다. 그래서인지 주위를 돌아보며 아름다운 몸을 가진 분들을 유심히 찾게 되었습니다.

박사과정을 마치고 사역할 교회를 찾는 중 어느 교회에서 면접을 보게 되었습니다. 그때 면접관이신 한 장로님이 나에게 표정이 항상 그렇게 굳어 있는지 물으시더니, 그런 표정으로 목회를 제대로 할 수 있을까 염려된다는 말씀을 하셨습니다. 장로님의 말씀에 나는 적잖게 당황했고 고민에 빠지게 되었습니다. 아마도 유학 생활 중 대부분의 시간을 홀로 책상에 앉아 책과 씨름하다 보니 웃는 시간이 자주 없고, 그래서 얼굴의 미소 근육이 굳어 버린 것은 아닌가 생각이 들었습니다. 면접 이후 나는 두세 달 동안 혼자서 얼굴 미소 근육을 발달시키는 일에 상당히 신경을 썼습니다. 그때 나는 따뜻하고 온화한 미소를 가진 얼굴은 한순간에 만들어지는 것이 아니라, 오랜 기간의 밝은 생각과 생활 습관의 결과로 천천히 빚어진다는 사실을 깨달았습니다.

곰곰이 생각해 보면, 우리의 몸은 우리 인생 역사 속 기쁨과 슬픔, 풍요와 가난, 건강과 질병, 고난과 행복의 사건들을 고스란히 간직하고 있습니다. 대한민국의 수도 서울은 구석기 시대의 흔적을 간직한 암사동 유적부터, 삼국 시대의 몽촌토성과 아차산 유적, 조선 시대의 아름다운 궁궐, 최근 건축한 123층 초고층 빌딩에 이르기까지 수천 년의 역사를 동시에 품고 있습니다. 마찬가지로 한 사람의 몸은 어머니 뱃속에서 잉태될 때부터 지금까지 그 사람이 맺은 모든 관계, 그 사람에게 닥친 모든 일들, 그 사람이 한 모든 생각과 말과 행동의 역사를 고스란히 품고 있습니다. 예를 들어, 발레 무용수 강수진의 발은 수십 년간 남몰래 땀과 눈물을 흘렸던 그녀의 삶과 열정과 의지를 담고 있습니다. 그녀의 지난 삶을 모르는 사람에게는 그녀의 발이 괴상하게 보일지 모르지만, 그녀가 지난날 흘린 땀과 눈물을 아는 사람에게 그녀의 발은 그 누구의 발보다도 훨씬 더 아름다운 발, 우리의 마음을 감동시키는 발로 보일 것입니다.

사람의 몸, 그중에서도 사람의 얼굴은 그 사람의 생각과 삶의 역사를 고스란히 보여줍니다. 오랜 기간 난폭한 삶을 살았던 사람의 얼굴은 난폭합니다. 탐욕에 찌든 삶을 살았던 사람의 얼굴에서 우리는 거의 단번에 탐욕스러웠던 과거의 삶을 유추해낼 수 있습니다. 온화한 얼굴은 오랜 기간 온화한 삶을 살았던 사람에게서만 발견됩니다. 아름다운 삶의 역사 없이 아름다운 얼굴은 있을 수 없습니다. 우리는 "마흔 살이 되면 자신의 얼굴에 책임을 져야 한다"는 말을 이런 뜻에서 이해할 수 있습니다.

나의 몸이 곧 나의 정체성을 결정합니다. 나의 몸이 곧 나의 마음 중심의 생각과 삶의 역사를 고스란히 담고 있기 때문입니다. 우리가 사도신경에서 "몸의 부활을 믿습니다"라고 고백할 때, 마지막 날 부활하게 될 몸이 바로 우리 인생 역사를 고스란히 담고 있는 이 몸입니다. 그러므로 우리는 아름다운 사람이 되기 위해서 무엇보다 몸을 아름답게 가꾸어야 합니다. 바울은 이렇게 권면합니다.

> 너희 몸은 너희가 하나님께로부터 받은 바 너희 가운데 계신 성령의 전인 줄을 알지 못하느냐. 너희는 너희 자신의 것이 아니라 값으로 산 것이 되었으니 그런즉 너희 몸으로 하나님께 영광을 돌리라. 고전 6:19-20

•

팔복의 주인공

마태복음에 기록된 팔복은 하나님께서 찾으시는 아름다운 사람의 모습을 그리고 있습니다. 흔히 사람들은 팔복이 아름다운 내면을 묘사하고 있다고 이해합니다. 하지만 사실 팔복은 성경 다른 어떤 구절보다도 더욱 아름다운 몸을 자세하게 그리고 있습니다. 팔복에서 내면의 아름다움만 본다면, 팔복의 온전한 메시지를 다 읽지 못한 것이라 말할 수 있습니다.

심령이 가난한 자는 복이 있나니

천국이 그들의 것임이요.

애통하는 자는 복이 있나니

그들이 위로를 받을 것임이요.

온유한 자는 복이 있나니

그들이 땅을 기업으로 받을 것임이요.

의에 주리고 목마른 자는 복이 있나니

그들이 배부를 것임이요.

긍휼히 여기는 자는 복이 있나니

그들이 긍휼히 여김을 받을 것임이요.

마음이 청결한 자는 복이 있나니

그들이 하나님을 볼 것임이요.

화평하게 하는 자는 복이 있나니

그들이 하나님의 아들이라 일컬음을 받을 것임이요.

의를 위하여 박해를 받은 자는 복이 있나니

천국이 그들의 것이라.   마 5:3-10

팔복이 그리고 있는 아름다운 몸의 모습은 이렇습니다. 외모는 물론이고 위생에도 신경 쓸 여유가 없는 가난한 사람들의 누추한 몰골, 가난한 사람들과 연대하여 그들 곁에 머물며 제대로 씻지도, 꾸미지도 못한 이들의 소박한 외모와 용모, 억울한 일로 인해 눈가에 흘러내리는 눈물, 밤새 펑펑 눈물을 흘린 탓에 부어오른 눈두덩이, 재를 뒤집어써 헝클어진 머리카락, 절규하는 목소리를 뿜어내는 목청, 찢어질 듯 뒤틀린 창자, 작은 자들을 품는 따뜻한 손과 가슴, 정의로운 평화의 복음을 전하기에 분주한 발걸음, 조롱하고 비난하는 소리를 들으며 참고 견디는 귀, 온몸에 아로새긴 멍 자국과 채찍 자국, 그런데도 여전히 다른 세상을 상상하는 뇌세포와 굳게 다문 입, 하늘을 우러러보는 눈과 감사 찬양의 노래를 담은 입술 등. 바울이 시편을 인용하며 죄로 가득한 목구멍, 혀, 입술, 입, 발 등 아름답지 못한 몸, 추한 몸을 상세하게 묘사했다면,롬 3:10-18 예수님은 팔복의 메시지를 통해 하나님을 기쁘시게 하는 아름다운 몸을 자세하게 보여주고 있습니다.

물론 팔복이 그리고 있는 아름다운 몸의 모습은 아름다운 마음을 전제하고 있습니다. 가난한 자들과 연대하는 마음, 고난 중에 있는 이웃을 향한 연민과 긍휼, 작은 자들을 환대하는 마음, 불의한 폭력을 향해 발산되는 거룩한 분노,

죄와 죽음의 세상을 향해 탄식하고 슬퍼하는 마음, 두 마음을 품지 않고 오로지 하나님의 뜻만 구하는 깨끗한 마음, 온갖 핍박 속에서도 소망을 잃지 않는 결연한 마음, 하나님의 주권적 섭리에 대한 확고한 믿음과 소망 등.

당연히 아름다운 몸의 근원은 아름다운 마음입니다. 아름다운 몸은 아름다운 마음에서부터 만들어집니다. 그래서 잠언 기자는 "무릇 지킬 만한 것보다 더욱 네 마음을 지키라"^{잠 4:23}고 우리에게 권면합니다. 마음을 지키지 못한다면 아름다운 몸을 만드는 일은 불가능합니다. 그래서 진실로 아름다운 사람은 몸과 마음이 모두 아름다운 사람입니다. 그래서 아름다운 몸을 갖고 싶은 사람은 무엇보다 먼저 아름다운 마음을 가져야 합니다.

앞서 우리 몸은 살아온 지난날 인생의 모든 순간을 고스란히 담고 있다고 말씀드렸습니다. 매 순간 우리의 삶이 우리의 마음을 표현한다고 본다면, 우리 몸은 지난날 우리의 마음가짐과 삶의 자세와 습관을 보여주고 또한 그렇게 형성된 우리의 인격과 성품을 보여줍니다. 평생을 가족과 교회와 이웃을 섬기겠다는 일념으로 더위와 추위를 마다하지 않고 논밭에서 땀을 흘리신 농부 아버지를 생각해 봅니다. 아버지의 쭈글쭈글한 손바닥과 꾸부정한 허리, 깡마른 다리, 주름살 가득한 이마, 골이 파인 뺨. 아버지의 이 몸속에는 아버지께서 지난날 살아오신 정직하고 성실한 삶이 고스란히 녹아들어 있습니다. 어렸을 때는 아버지의 이런 모습이 보기 싫고 혹여나 닮을까 두려웠는데, 지금은 그 모습이 너무나 아름답고 사랑스럽게 보입니다. 지금은 너무도 닮고 싶은 모습입니다. 그뿐 아니라 누구를 만나든지 반갑게 맞이하시는 아버지의 얼굴, 그 미소 근육이 한순간에 가식적으로 만들어진 것이 아니라는 사실을 나는 너무도 잘 알고 있습니다.

팔복은 예수님께서 하나님 나라의 복음을 믿음으로 받아들이는 종말론적 제자 공동체를 향한 선포였습니다. 그런데 예수님은 팔복 선언을 통해 아름다운 사람의 모습을 말로 그려주셨을 뿐 아니라, 친히 자신의 삶을 통해 아름다운 사람의 원형을 눈으로 직접 볼 수 있게 해주셨습니다.

예수님의 발은 세리장 삭개오가 올라간 뽕나무를 향해 선뜻 걸어갔으며, 세리와 죄인의 식탁을 즐겨 찾았습니다. 또한 그곳에서 슬퍼하는 자들과 함께 울고, 즐거워하는 자들과 함께 웃었습니다. 아마도 기쁨과 슬픔, 분노와 탄식 등 여러 감정을 가지셨던 예수님은 다양한 표정을 담을 수 있는 얼굴 근육을 가지고 있었을 것입니다. 예수님의 창자는 고난받는 자들 앞에서 끊어질 듯한 통증을 느꼈고, 예수님의 가슴은 어린아이들과 작은 자들을 조건 없이 환대하였습니다. 예수님의 목청은 나사렛 회당에서 희년의 복음을 선포하였고, 그분의 입술은 십자가 위에서 타는 목마름 가운데 하나님 나라와 의의 도래를 갈망했습니다. 예수님의 눈은 평화를 알지 못하는 도성 예루살렘을 바라보며 닭똥 같은 눈물을 흘렸고, 예수님의 무릎은 겟세마네 동산에서 하나님의 뜻만을 구하였습니다.

　예수님의 몸 중에도 그분의 손은 특별히 아름답습니다. 예수님의 손은 중풍병자의 부정한 몸을 마다하지 않는 치유와 긍휼의 손이었고, 불의한 세력을 향해 채찍을 높이 치켜드는 거룩한 분노의 손이었으며, 또한 십자가 위에서 세상의 모든 죄와 죽음을 받아 내는 지극한 사랑의 손이었음과 동시에 의심 많은 도마에게 부활의 확신을 줄 수 있었던 영광스러운 손이었습니다.

예수님의 얼굴을 찾아서

1850년, 너대니얼 호손Nathaniel Hawthorne은 유명한 단편 소설 『큰 바위 얼굴』을 세상에 내어놓았습니다. 어린 소년 어니스트는 어머니로부터 자신의 오두막집에서 올려다보이는 큰 바위 얼굴의 주인공이 언젠가 나타날 것이라는 예언을 전해 들었습니다. 그리고 매일 일을 마치고 나면 몇 시간 동안 큰 바위 얼굴을 바라보며 이 친절한 얼굴의 주인공이 나타나기를 고대하였습니다. 하지만 거상이 되어 돌아온 부자의 영악하고 탐욕이 가득한 얼굴도, 수많은 격전과 갖은 풍상을 이겨내고 귀향한 개선장군의 험상궂은 얼굴도, 대통령 후보로 출마하는 저명한 정치인의 얼굴도, 감동적인 시를 쓴 시인의 얼굴도, 모두 선량하고 지혜로우며 장엄한 빛을 가진 큰 바위 얼굴과 닮지 않았다는 사실을 깨닫고 어니스트는 크게 실망합니다. 한편, 어니스트는 고매한 인격과 남다른 지혜로 인해 중년을 넘어서면서부터 주변인들에게 조금씩 덕망을 쌓기 시작했습니다. 백발이 성성한 어니스트가 마을 사람들 앞에서 연설을 하게 된 어느 날, 어니스트를 찾아온 시인은 어니스트의 얼굴에서 큰 바위 얼굴을 보고 소리쳤습니다. "보시오! 보시오! 어니스트 씨야말로 큰 바위 얼굴과 똑같습니다."

어니스트에게 큰 바위 얼굴이 있었다면, 그리스도인들에게는 예수님의 얼굴이 있습니다. 하나님은 오늘날 예수님의 얼굴을 닮은 아름다운 얼굴의 주인공을 찾고 계십니다. 하나님만이 아닙니다. 우리가 속한 세상 속에서 고통받고 있는 뭇 생명도 예수님을 닮은 아름다운 얼굴의 주인공을 고대하고 있습니다.

피조물이 고대하는 바는 하나님의 아들들이 나타나는 것이니.

롬 8:19

사람들은 단순히 예수님의 메시지를 듣는 것이 아닌 예수님의 얼굴을 보고 싶어 합니다. 30년 전만 하더라도 '그리스도인'은 아름다운 사람을 대표하는 이름이었습니다. 그런데 어느 순간인지 스스로를 그리스도인이라고 소개하는 것에 부끄러운 마음이 드는 시대가 되었습니다. 하지만 이제 나는 새로운 시대의 꿈을 꾸어 보려 합니다. 다시금 그리스도인이 아름다운 사람의 대명사가 되는 시대, 그리스도인의 얼굴에서 예수님의 아름다운 광채가 빛을 발하는 시대, 그래서 세상 사람들이 그리스도인들의 아름다운 얼굴을 보고 본받기를 소망하는 시대, 지금과는 많이 다른 이 새로운 시대를 함께 꿈꾸어 보지 않으시겠습니까? 한국 교회가 아름다운 얼굴을 빚어내는 공동체가 되는 꿈을 함께 품어 보지 않으시겠습니까?

●

사랑의 하나님 아버지, 아름다운 사람이 되고 싶습니다. 우리의 추하고 못난 모습을 불쌍히 여겨 주시고, 성령 안에서 우리 몸과 마음을 새롭게 빚어 주옵소서. 예수님처럼 광채 나는 얼굴, 예수님처럼 아름다운 몸과 마음을 가지고 어두운 세상을 밝히고 추한 세상을 아름답게 만들어 가는 주님의 거룩한 종이 되게 하옵소서. 예수님의 이름으로 기도드립니다. 아멘.

나는 일 년에 한 번 아버지와 함께 병원을 찾습니다. 오랜 세월 농사를 지으면서 상한 무릎 관절의 상태를 정기적으로 검사하기 위해서입니다. 무릎이 아프신데도 아버지께서는 여전히 겨울 한 철을 제외하면 손에서 농사일을 놓지 않으십니다. 여전히 농사의 수익으로 교회와 이웃을 위해 작은 나눔을 실천하고 계십니다. 서울에 있는 아들 집을 찾아올 때를 제외하면 매일 새벽 이십 분 거리를 운전하여 교회의 새벽종을 치고 계십니다. 이른 새벽과 늦은 밤 기도하는 자리로 나아가 하나님과 대화하고, 기회가 닿는 대로 가난한 사람들과 곤궁에 처한 이웃에게 긍휼과 자비를 베푸는 삶을 사시는 아버지가 참 자랑스럽습니다. 나는 환하게 웃으시는 아버지의 얼굴에서 작은 예수님의 얼굴을 발견합니다. 야곱의 인생에 비할 바는 아니지만 험한 인생을 사셨던 아버지께서 지난날 당신을 힘들게 했던 사람들을 떠올리며 시를 한 편 지으셨습니다. 이 책의 맺음말을 아버지의 시로 대신합니다.

내게 너무나 고마운 분

김갑철
좋은이웃교회 원로장로

나의 가는 길 가로막던 자, 얄미운 사람
지나고 보니
바른길 가게 해준, 너무나 고마운 분이었네.

나에게 피눈물 흘리게 한 자, 얄미운 사람
지나고 보니
하나님 위로받게 해준, 너무나 고마운 분이었네.

나의 사랑 빼앗은 자, 얄미운 사람
지나고 보니
더 멋진 사랑 만나게 해준, 너무나 고마운 분이었네.

나의 장막에 등불을 꺼 버린 자, 얄미운 사람
지나고 보니
내 영혼의 장막에 등불 밝혀 준, 너무나 고마운 분이었네.

나 가진 것 빼앗은 자, 얄미운 사람

지나고 보니

더 좋은 것 갖게 해준, 너무나 고마운 분이었네.

나의 자리 빼앗은 자, 얄미운 사람

지나고 보니

있어야 할 자리에 있게 해준, 너무나 고마운 분이었네.

나의 하는 일 방해하던 자, 얄미운 사람

지나고 보니

정녕 해야 할 일 하게 해준, 너무나 고마운 분이었네.